最終解答 日本古代史

神武東征から邪馬台国、日韓関係の起源まで

八幡和郎

PHP文庫

○本表紙図柄＝ロゼッタ・ストーン（大英博物館蔵）
○本表紙デザイン＋紋章＝上田晃郷

はじめに～古代史論争に最終解答

「世界に通用する日本史」をこの国は必要としています。国民としての意識を持たない国史《こくし》は意味がありませんし、海外で相手にされない歴史認識も国益に反します。しかし、現実には日本人としての誇りを持つことが悪いと言わんばかりの自虐《じぎゃく》史観と、その反対の国粋《こくすい》主義的史観の両極端に走りがちです。

また、とくに「古代史」の世界などでは、歴史好きが嵩《こう》じて興味本位になりがちで、文学やドラマで歴史を勉強した気になったり、なんでも裏《うら》読みして「謎」にしたがります。

日本の史書は信用できないとか、隠された真実があるに違いないとして、世界に語れる歴史を国民が共有できなくなっています。しかし、歴史には本当の謎などそれほど多くないのです。史書に書いていることや考古学的成果を、普通に検証していけば、だいたいのことは分かるのです。

本書は神話と歴史を混同することを否定する一方で、中国や韓国に対してしっかりした自己主張できることをめざしています。いわゆる自虐史観のことをリベラルや左派の歴史観だという人がいますが、インターナショナルな普遍性を持った見方こそがリベラルや左派であって、中国や韓国の国粋主義に盲従《もうじゅう》することではありません。戦前のイギリスやフランスでナチスに追随する人が、リベラルや左派といわれたはずもありません。「変態右翼」とでもいうべきです。

たとえば、古代の日本は中華帝国の「冊封体制《さくほう》」のもとに置かれていたという人がいますが、近世の朝鮮王国が清《しん》や明《みん》に従属していたのと同じような関係を、日本が中国との間で持っていたことは一度もありません。

また、弥生《やよい》時代に暖かく稲作に向いた日本が、寒冷な朝鮮半島に比べて遅れた地域であったはずもありませんし、そもそも、「朝鮮民族」とか「朝鮮国家」というものも、少なくとも新羅《しらぎ》による統一以前には存在しません。あるいは、百済《くだら》の歴史が現在の韓国に継承されているかは微妙です。言語にしても、百済や高句《こうく》麗《り》の言葉がどんなものだったかは、ほとんど不明なのですが、新羅と同じようなものでなかったことは確かです。日本による朝鮮半島支配など中国の史書や好《こう》太王碑《たいおうひ》にも書いてあり、怪しむべきものではありません。

学校で使う日本史の教科書では、信じられないことに、推古《すいこ》天皇より以前の天皇の名前を教えてはいけないことになっています。神武《じんむ》天皇は神話の登場人物としてしか紹介できませんし、実質的な日本国家の創始者らしい崇神《すじん》天皇の名は触れられず、仁徳《にんとく》天皇陵《りょう》は大仙《だいせん》古墳として登場するだけです。その一方、中国の史書に出てくる卑弥呼《ひみこ》や倭王武《ぶ》という名などは、中国人がそう呼んでいただけですが、堂々と使われています。

日本国憲法第一条から第八条までは天皇について割かれていますし、建国の日は神武天皇創業の日なのですから、これはちょっとひどいと思います。

そういうもどかしさを感じている人たちに、古代史についての外国人にも説得的ですっきりした最終解答を示したいというのが本書の趣旨です。

本書で解説していますが、『日本書紀』『古事記』は、系図や出来事がそのままでも、神話を排除し、寿命を一般的な長さにするなど「合理的解釈」すれば外国文献や考古学的成果と矛盾はないのですからそれで不都合はないのです。

最終解答 日本古代史
――神武東征から邪馬台国、日韓関係の起源まで

目次

第1章 日本人の故郷

Q．日本人は朝鮮半島から来たのか？
A．弥生人は江南地方から半島沿岸経由で来た

第2章 神武東征の真実

Q. 九州王朝は畿内を征服したのか？
A. 日向から少人数で出発した流浪の旅だった

第3章　邪馬台国の所在地

Q．邪馬台国はどこにあった？

A．卑弥呼が九州で死んだ1世紀後に、天皇家が北九州に登場

第4章 大和朝廷と統一国家

Q.『日本書紀』は信頼できる歴史書か？
A.大和朝廷の統一過程と系図はすべて真実

第5章

任那日本府

Q.朝鮮半島を日本は支配していたのか?
A.新羅や任那は中国も承認した日本の勢力圏だった

第6章

万世一系と騎馬民族

Q.応神天皇や継体天皇は新王朝を開いたのか?
A.30歳以上が即位の条件と見れば、皇位継承の謎は消える

第7章

聖徳太子架空説

第8章 藤原一族の正体

Q.不比等は律令国家の建設者か？
A.橘三千代夫人の夫だから出世しただけ

第9章 天武朝から摂関制へ

Q. 摂関制は藤原氏の政治的勝利で生まれたのか?
A. 母后の圧倒的影響力で平安時代は動いた

第10章 出雲神話に隠された建国史

第11章 遷都に秘められた謎

第12章 大唐帝国と日本

本文図表

日中韓年表(古代)

	中国			日本	朝鮮
					伝説上の古朝鮮建国(BC2333)
	BC2224				
	夏				
	BC1766				
	殷(商)			呉の太伯、江南へ移る	
	BC1122				
	西周				箕子朝鮮?
	BC771-770			伝説上の建国(BC660)	
春秋戦国	東周			大陸から弥生人が渡来	
	BC256-251				
	秦			徐福伝説	
	BC207-206				衛氏朝鮮?(BC198)
	前漢			中国と倭国との交流始まる	漢四郡設置(BC108)
	8				伝説上の高句麗・百済・新羅建国(BC1世紀)
	新				
	23-25				
	後漢			奴国王が金印を授かる	
	220	222	221		
三国	魏	呉	蜀	邪馬台国が使節を送る	
	265	280	263		
	西晋			大和朝廷の発展	
	316-317				
	東晋	386		大和朝廷の統一と朝鮮進出	新羅・百済の実質的な建国
	420				高句麗が平壌遷都(427)
	宋	北魏		倭五王が南朝に遣使(413-478)	
南北朝	479				
	斉				
	502	534	535		
	梁	西魏	東魏		任那四県を百済に割譲(512)
		556	551		
	557	北周	北斉		
	陳	581	557		任那滅亡(562)
	589	隋			
	隋			遣隋使として小野妹子が長安に	
	618				
	唐			遣唐使が派遣され、交流が盛んに	
					唐が百済を併合(660)
					唐が高句麗を併合(668)
					新羅の半島統一(676)
	907				

第1章

日本人の故郷

Q. 日本人は朝鮮半島から来たのか?

A. 弥生人は江南地方から半島沿岸経由で来た

日本人が生まれたころ韓国・朝鮮人は成立していなかった

「日本人はどこから来たか」についての、おおまかな流れには、コンセンサスがあります。

日本列島では、1万年以上も昔から縄文人《じょうもんじん》と呼ばれる古いタイプのモンゴリアンが狩猟採集生活を送っていたのですが、大陸から稲作の技術とともに中国人や韓国人と同じ新モンゴロイドという集団に属する弥生人《やよいじん》が渡来《とらい》し、さらに、統一国家成立後も中国や朝鮮半島から帰化人《きかじん》が流れ込んできました。

議論があるのは、現代日本人の血に流れるそれぞれの種族のDNAの割合や文化的な重要性です。

結論から言うと、私は、弥生人が主流だと考えていますし、彼らは中国の江南《こうなん》地方の稲作農民が朝鮮半島の沿岸を経由してきたと考えています。

古代中国人も日本人を周《しゅう》王室の出身で江南の王となった「呉《ご》の太伯《たいはく》」の子孫だと考えていましたが、昔の人が弥生人が渡来した時代からあまり離れていない時期に、当時の風俗《ふうぞく》や言葉などから、そう直感的に思ったということも非常に重要な証言だと思います。

しばしば、朝鮮人が半島から来たのか、中国人が東シナ海を横切ったり南西諸島経由でやって来たのかの二者択一で考える人が多いのですが、当時の航海術では、東シナ海を横断するのは成功率がとても低く、倭《わ》の五王《ごおう》の時代でも、南朝《なんちょう》に行くのは百済《くだら》や山東《さんとう》半島の沿岸経由でした。当時の朝鮮半島南部の人口は少なく、稲作が本格的に発展したともいえず、紀元前後からのクニの本格的発展も九州の方が早かったくらいですから、江南地方から朝鮮半島沿岸をほとんど素通《すどお》りして弥生人はやって来たとみるべきです。

それに、このころ朝鮮半島には、あちこちからさまざまな民族が入りこみ、混沌《こんとん》としていた状態で百済や新羅が発展して高句麗《こうくり》と三国時代になったのは４世紀ですし、それでも、ひとつの朝鮮民族になったわけではありません。百済語や高句麗語がどんな言語だったのかまったく不明です。つまり、弥生人は韓国・朝鮮人だとか、日本語の母語が韓国・朝鮮語ではあり得ないのです。

アフリカからやって来た日本人の長い旅と縄文人の誕生

日本列島にも10万年以上も前から人類が住んでいたことが、考古学的発見の結果として明らかになっています。日本列島が大陸と陸続きになったり離れたりを繰り返していた氷河期のことです。

いわゆる旧石器《きゅうせっき》時代ですが、いっとき、この時代の日本列島には世界でもまれなほど濃密に人が住んで文化水準も高かったといわれていましたが、「神の手(ゴッド・ハンド)」の持ち主といわれた藤村新一による「旧石器捏造《ねつぞう》事件」の発覚で、ほとんどの遺跡が偽物だと分かりました。

とはいっても、日本に旧石器人がいなかったわけではありませんが、残念ながら、彼らは私たち日本人の先祖ではありません。それは、同じような時期に中国にいた北京原人《ペキンげんじん》が漢《かん》民族と関係ないのと同じです。

近年の学説では、アフリカから5～8万年ほど前にアラビア半島に渡り拡散したのが現生人類《げんせいじんるい》の先祖だといわれています。彼らの一部は、3～5万年前に東南アジアに達し、それがアジア人の先祖となりました。日本列島には、氷河期が終

日本人はどこから来たかの最終結論

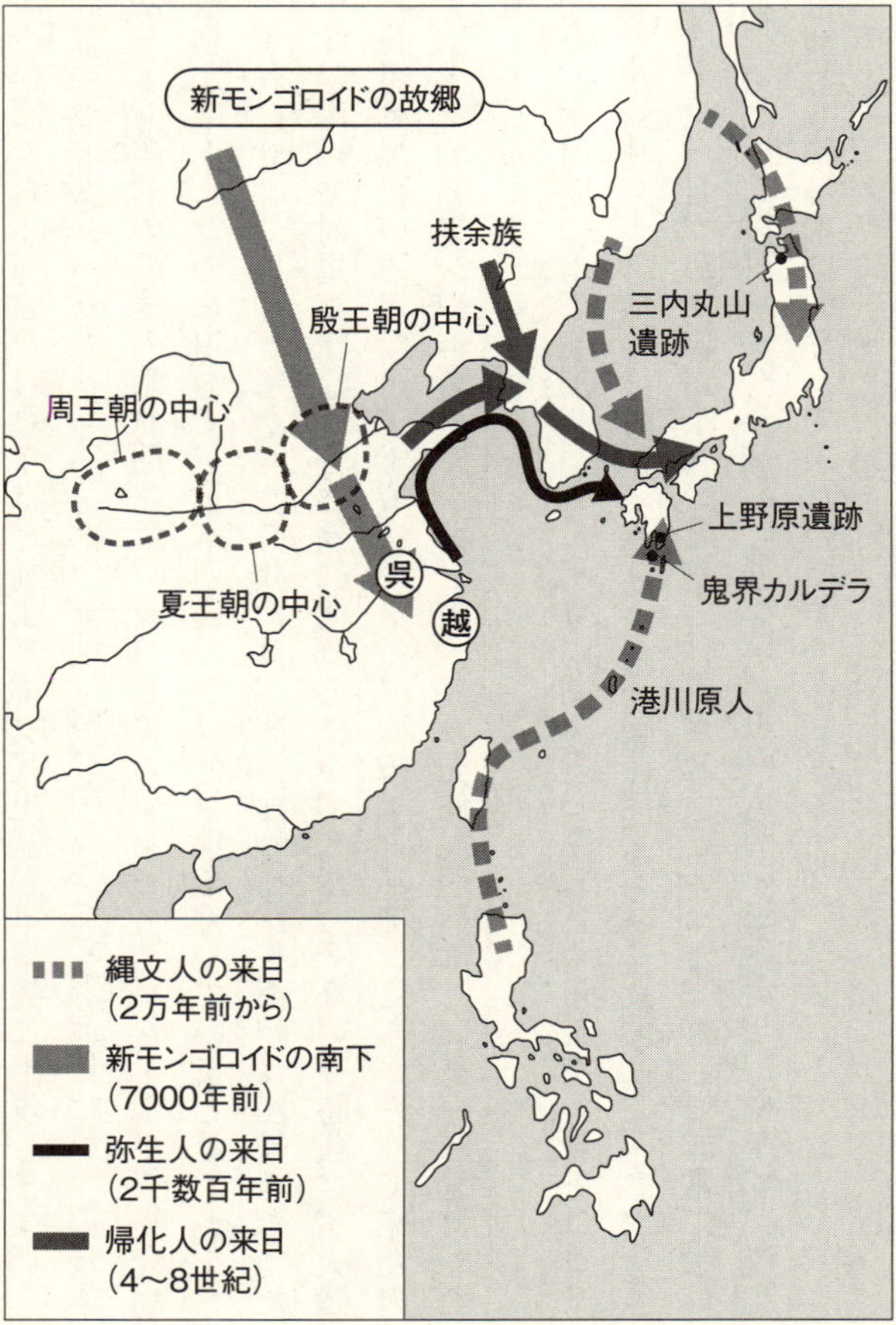

わったいまから1万2000年ほど前より縄文式土器が本格的に出現します。

沖縄で発掘された2万年前の港川人《みなとがわ》は、南方からやって来ましたが、7万年前から1万年前の最後の氷河期には、シベリアのマンモス・ハンターが気候変動で獲物が南下したのを追って、日本列島でナウマン象を狩っていました。

いずれにせよ、地球が寒かった時代には、間宮《まみや》海峡や宗谷《そうや》海峡は陸続きだったし、津軽《つがる》海峡や対馬《つしま》海峡なども容易に渡れる狭さでした。そういう時代に、大陸から日本列島にいろんなルートで古いタイプのモンゴリアンたちがやって来たのです。インディアンやエスキモーなどアメリカ先住民がベーリング海峡を渡ったのもこのころです。

一方、氷河期に南下し損《そこ》なってバイカル湖付近に閉じ込められた「新モンゴリアン」がいました。彼らは暖かくなった縄文時代になって移動を始めましたが、それまでに、目、鼻、口が小さいとか、体毛が薄いといった、寒さに非常に強い強靱《きょうじん》な肉体を獲得していました。彼らは、黄河《こうが》文明を生みだし、やがて、農耕技術とともに日本にもやって来たのです。

三内丸山遺跡のウソと縄文文化への過大評価は恥ずかしい

縄文時代にあって、日本列島の人口は地球温暖化が進むにつれて増加し、中期（4300年前くらいまで）には、二十数万人までになったと推定されています。とくに、東日本では、コナラやクリなど生産力の高い暖温帯落葉樹林《だんおんたいらくようじゅりん》が広がって、魚や鹿や猪《いのしし》といった獲物も豊富でした。

巨大な縄文遺跡として有名で、多くの建物も復元されて遺跡公園になっている青森市の三内丸山《さんないまるやま》遺跡は、5500年前から4000年前までの1500年間、いまより海岸線が近かったこの時期に栄えました。

ただし、1500年もかけて蓄積された遺跡で、同時期に人が住んでいたのではありません。500人規模の集落というのは、無理な仮説の積み重ねをしないと出てこない数字ですし、復元されているような大規模な建物があった確率は低いというべきです。採集生活で養《やしな》える人口は限られたものなのです。

縄文文化を世界に誇るべき高水準と言う人もいますが、同時期に四大文明が栄えており、縄文文明はユニークな原始文明のひとつに過ぎませんし、日本では高度経済成長期からの開発でたまたま多くの遺跡が見つかっているだけです。

しかも、縄文中期を過ぎると、地球は小さな寒冷《かんれい》期に入りました。1万年前には日本列島の平均気温は現在より1度低かったのに、縄文中期には3度も上がっていましたが、もとに戻り、人口は20万人以上から数万人にまで減りました。とくに東日本でも人口が激減し、集落の規模も小さくなりました。

西日本はカシ、シイの常緑照葉樹林《じょうりょくしょうようじゅりん》で、あまり人口を養えませんでした。さらに、6300年前（7300年前説もある）に鬼界《きかい》カルデラ（鹿児島県硫黄島《いおうじま》で俊寛《しゅんかん》の流刑《るけい》地として知られる）の大爆発がありました。日本列島に人類が住み始めてからに限れば、史上最大の自然災害です。

原発と関連して話題になるこの噴火では、南九州全体が火砕流《かさいりゅう》に呑《の》み込まれ、大分県では数十センチ、琵琶湖《びわこ》の底にも数センチの降灰がありました。鹿児島県の上野原《うえのはら》遺跡は、南方から来た縄文人たちの村がこの噴火でポンペイの遺跡のように埋まったもので、九州の縄文人のほとんどは絶滅したとみられ、縄文時代中期の西日本の人口は東日本の30分の1という推計すらあります。

イネの伝来は古いが、中国の戦国時代に革命的変化

日本列島にクニらしきものが成立して「有史《ゆうし》時代」となるのは、中国の前漢《ぜんかん》時代であり、キリスト誕生の少し前のころです。中国の正史《せいし》である『漢書地理志《かんじょちりし》』にも、「楽浪郡《らくろうぐん》（平壌《へいじょう》付近）の海の向こうに倭人《わじん》がいる。分《わか》れて百余国となっていて、時々、楽浪郡に挨拶《あいさつ》にやって来る」と書いてあります。

かつては、２３００年ほど前に、稲が大陸から伝わり、弥生時代が始まったといわれていました。ただし、稲作がどのようなルートで伝わったのか、弥生人は大陸からの移住者が主なのか、縄文人が農耕を習得して変化していったものが多いのかは諸説ありました。

最近ではイネがはじめて日本に伝わったのは、縄文時代でも中期以前に遡《さかのぼ》ると炭素を使った推定が出てきてマスコミで派手に報道されています。といっても、炭素測定の信頼性についてのコンセンサスはありませんし、水田が要らない陸稲《りくとう》とか、例外的に水稲《すいとう》が河川のそばの土地で栽培されたことがあったとしても、食料の主たる部分をそれに頼るのは無理でした。

縄文時代にも大陸との行き来はありました。狩猟採集生活の時代に交易《こうえき》など発達しないと思う人もいるでしょう。しかし農業社会ではある程度の自給自足が可能ですが、それ以前には、かえって交易が大事だったのは、鋭利な黒曜石《こくようせき》の石器が産地は限られるのに広い地域から発見されていることでも分かります。

東南アジアの都市国家もまず小河川の河口《かこう》部にでき（ヌガラ＝港市国家）、ついで、河川中流の盆地《ぼんち》にも成立しました（ムアン＝駅市国家）。朝鮮半島でも、遼《りょう》東《とう》半島から海岸沿いに小都市ができて、それが中国からの亡命者が創った古《こ》朝鮮や漢帝国の領土としての楽浪郡に発展していきました。

対馬海峡は原始的な船でも容易に渡れますから、まずは、交易のため行き来したはずです。戦いに敗れて逃げる人もいたでしょう。そして、そのうちに農業や漁業の適地だと気がついて渡ってくる人が続きました。

その最後の段階が、従来からいわれている、２４００〜２３００年くらい前の時代で、やがて、金属の武器、環濠《かんごう》、水田の３点セットを持つクニができました。そして、人口も増え土地をめぐる戦いも激しくなり、さらには、従わせて労働力として使うとか、貢《みつ》ぎ物をさせるようにもなりました。

「日本人の先祖は縄文人」という保守派の願望

日本人の先祖が主に縄文人か弥生人かについては、科学的な分析よりも、自分の政治的主張に合うような学説が好まれます。もし、弥生人ならば、私たちの先祖の大半は、二千数百年前には中国や朝鮮半島などの大陸にいたことになり、日中韓は兄弟民族ということになります。

縄文人ならば、中国や韓国と日本人は別系統の血が強く流れ、私たちの先祖の大半は、日本列島が大陸から切り離されて現在の形になってからずっとここにいたことになります。

どちらの説の人気が上かというと、断然、縄文人説です。とくに保守系の人は、日本人と日本文化の独自性にこだわりを持っていますので、縄文人説に肩入れする学者がいると、「学会の主流になっている説では」と崇《あが》め奉《たてまつ》ります。

そもそも、平安時代以来、日本文化の主流とされたのは、京都のやさしい四季の移《うつ》ろいを愛《め》でることを規範とする『古今集《こきんしゆう》』的な世界ですし、農耕の神である神道《しんとう》の世界も、どうみても弥生的なのです。縄文人説が好まれるのは、東国発《はっ》祥《しょう》の武士の気風や戦前の軍国主義的な気分がゆえに、軟弱な西日本の文化より、剛毅《ごうき》な東日本の気風を良しとした人が多かったのが理由です。

しかし、人骨でも、弥生時代の開始とともに、背が高く顔が細長い弥生人が優勢になったことは明らかです。縄文人が主流だと言う人たちは、食生活の変化で体型も変わったと主張し、戦後のある時期はそれが有力でした。大陸の領土を失ったこともあり、日本人は孤立《こりつ》して平和に暮らすのが本来のあり方だという時代の気分が後押しした面もありました。

しかし、国土開発が進んで遺跡が次々発見されると、はっきりと大陸からの移民と分かる人々の墓も発見されて、今度は弥生人が縄文人を征服し入れ替わったという説が強くなりました。

その後、遺伝子に注目した分析ができるようになります。やはり、大陸から渡来した人たちの優位を示すものが多いのですが、ミトコンドリア、Y染色体《せんしょくたい》、人骨などさまざまな手法があり、得られる推論は少しずつ違います。

また、中国、朝鮮半島、そのほかのアジア諸国やロシアといった外国では、考古学的とか人類学的な調査が日本ほど進んでいないので、それらと比較するのもたいへん難しい作業です。なにしろ、漢民族や朝鮮民族の成立については、日本人以上に定説《ていせつ》などないのです。

ただ、日本人には縄文人的な流れと、弥生人的な傾向が両方あって、しかも、南九州・沖縄や東北・北海道ではっきり縄文人的な要素がほかの地域より強いので、弥生人はこれらの地方にはあまり移住しなかったのは間違いないでしょう。

弥生人と縄文人の壮絶な戦いがあったかといえば、西日本では縄文後期には、いまのひとつの府県《ふけん》の人口はわずかだったはずで、牧畜をする先住民と海を渡ってきた農民の対決といったことにはならなかったと思います。しかし、縄文人が多かった東日本ではヤマトタケルや坂上田村麻呂《さかのうえのたむらまろ》と縄文人が戦った激しい対立がありました。

徐福は山東半島から朝鮮半島沿岸経由でやって来た

大陸から弥生人はやって来たと言うと、朝鮮半島からだと受け取る人が多いのです。そして、「先進地域」だった半島にあった朝鮮民族が九州や山陰《さんいん》地方を征服したり、移住してきて、日本を文明化したと半島の人は言いたがります。

しかし、この仮説は何重にも笑止千万《しょうしせんばん》です。まず、半島が先進地域だったとは限りません。これは、第2章以降の課題ですが、遼東半島あたりから北朝鮮にかけて紀元前に古朝鮮といわれる国家ができたりしていましたが、これは、中国人による外縁部《がいえんぶ》への植民《しょくみん》というべきものに過ぎません。半島の南部では、日本列島に比べて早くからクニが発達したとはいえず、金印をもらった1世紀前半の倭奴国王《わのなのこくおう》に匹敵するような王者《おうじゃ》は半島南部にいませんでしたし、3世紀半ばに邪《や》馬台国《またいこく》へ渡った魏《ぎ》の使節の記録にも立派な国の存在は記《しる》されていません。

つまり、1世紀から3世紀までは、九州の方が明らかに先進地域でしたし、その前後も大きく違うと見る理由はありません。新羅や百済が国らしくなったのは、大和《やまと》朝廷の日本統一や半島進出のころになってからです。

農業にしても、ごく散発的には古くから痕跡《こんせき》がありますが、本格的な農耕社会が成立していません。とくに稲作については、温暖な日本に比べて稲作の定着が早かったと見ることは不自然ですし、考古学的にも裏付けられていません。

そんななかで面白いのは、イネのDNA分析が進んで、日本の米は弥生時代から中国の華南《かなん》・華中《かちゅう》地方のものと同じ2つの系統のものであるのに対して、朝鮮半島ではそのうち1系統がわずかに見られるだけで、日本でもっとも受け入れられたもうひとつの系統はまったくないということです。

それに対して、朝鮮半島で栽培されていた米は、華北《かほく》や遼東半島方面から入ってきたものだということが明らかになってきました。そこで、学者たちは、日本への歴史地図に米の伝来《でんらい》経路の矢印を、南西諸島経由のものと、中国江南地方から東シナ海を横切る形で引いたりしています。

しかし、この考え方はおかしいと思うのです。長江《ちょうこう》河口付近の上海《シャンハイ》や浙江《せっこう》省の寧波《ニンポー》から東シナ海を横切って日本に直行するのが、遣唐使の時代でも難しかったことは、鑑真《がんじん》和上《わじょう》の渡海が何度も失敗したことでも分かります。順風《じゅんぷう》だと思って船出しても、必ずと言ってよいほどに沖合《おきあい》で風向きが変わるのです。

まして、それより数世紀以上も前の幼稚な航海術では、そんなルートで行き来をする人などいたはずがないので、漂流《ひょうりゅう》者しか日本に来なかったはずです。

それならどんなルートを使ったかですが、ヒントは徐福《じょふく》の伝説にあります。徐福は秦《しん》の始皇帝《しこうてい》に不老長寿の薬を東の海上にある蓬莱《ほうらい》島から持ち帰ると言って船出をしたと『史記《しき》』に書いてありますが、その出港地は山東省の青島《チンタオ》に近い琅邪《ろうや》でした。そして、徐福の渡来伝説は、韓国にもあります。

つまり、古代中国人の感覚では、日本方面へ船出するのは山東半島からで、そこから渤海湾《ぼっかいわん》を横切れば朝鮮半島なのです。遣唐使船が東シナ海を横切ったのは、日本と新羅との関係が悪かった理由でのやむを得ない措置だったのであり、百済が健在のころは半島の沿岸経由で江南地方に向かっていたのです。

ですから、日本の米は朝鮮半島の沿岸を経由してやって来た可能性が高いと思います。港に立ち寄ったり、一時的に滞在したこともあったでしょう。それなら、日本の米でもっとも多い品種がなぜ朝鮮半島にないのかといえば、栽培を試《こころ》みたが、気候が寒冷なのでうまくいかなかったのではないでしょうか。

そして、稲作農民たちは、南の海を渡ったところに温暖で水も豊富、人口も多くない島があると聞いてやって来ました。そこが江南地方に近い気候だという噂《うわさ》は、交易に携《たずさ》わる人たちを通じて故郷の人にも知られることになり、大きな移民のうねりが始まったというのが、もっとも納得のいくストーリーです。

古代中国人の常識では、日本人は「呉の太伯」の子孫

中国の史書というと『魏志《ぎし》倭人伝』ばかりが有名ですが、日本についての記述はほかの史書にも多くあります。そのなかで、三国時代の『魏略《ぎりゃく》』であるとか南北朝時代の『梁書東夷伝《りょうじょとういでん》』には、「倭人（日本人）は呉の太伯《たいはく》の末《すえ》である」と書かれています。

呉の太伯は、周王室の係累《けいるい》です。司馬遷《しばせん》の『史記』によると、周を建てた武王《ぶおう》の曾《そう》祖父である古公亶父《ここうたんぽ》の長子《ちょうし》は太伯といいましたが、弟の季歴《きれき》の資質が優れているのを見て身を引き、故郷の陝西《せんせい》省あたりから長江の南に移って呉の国を建国したのだとされています。季歴は兄を呼び戻そうとしたのですが、太伯は蛮族《ばんぞく》の象徴である入れ墨《ずみ》をして戻らない決意を示したのだそうです。

どうして古代中国の人々が、日本人は江南からの移民だと思ったかは不明です。日本人の方からそう名乗ったのか、その風俗《ふうぞく》を見て中国人がそう考えたのか分かりませんが、古代中国の人が無理なくそう信じたわけで、とても重い価値がある証言です。

中国の史書は、辰韓《しんかん》（新羅など）や弁韓《べんかん》（任那《みまな》など）の人を秦からの亡命《ぼうめい》民ともいい、言葉も似ているといっています。つまり、彼らの認識では、半島南部の人々は中国西北地方の、日本人は江南の漢民族だと考えていたわけです。

また、平安時代に朝廷が有力な家柄の人々、広い意味での貴族たちについて、自己申告で由来《ゆらい》を届けさせ、それが『新撰姓氏録《しんせんしょうじろく》』として残っています。それによると、畿内《きない》では全体の3割ほどが「諸蕃《しょばん》」、つまり日本が統一されたのちにやって来た帰化人の子孫と位置づけられています。

そのうち、「漢」が163氏、「百済」が104氏、「高麗《こうらい》（高句麗）」が41氏、「新羅」が9氏、「任那」も9氏、さらに、それ以外（不明ということか）が117氏挙げられています。始皇帝の子孫という秦《はた》氏や漢字を伝えた王仁博士《わにふみよみひと》のように、百済を経由して渡来したとしている氏族《しぞく》も含めて、帰化人の多くが「漢」を出自《しゅつじ》とすると名乗っていたのです。

一方、日本が中国南朝と断交したのちや、百済や高句麗が衰《おとろ》え、さらに、滅びた時期以降にやって来た氏族には、百済や高句麗系を名乗る人が多かったわけです。そして、百済や高句麗の支配層は、もともと北方系の扶余《ふよ》族で、朝鮮半島に南下してきたのは、日本に稲作が伝わった時代よりかなりあとです。

いずれにしても、弥生時代が始まったころの朝鮮半島南部の人口がそれほど多かったとは思えません。それになにより、日本列島に稲作をもたらしたのが北方のアルタイ系の人々だと考えるのは突飛《とっぴ》すぎます。

それより、中国での戦国の争乱で故郷を離れざるを得なくなった、あるいは、開発余地が少なくなった江南の地から稲作技術とともに新天地を求めて東へ向かった人々がかなりいたわけで、その人々が日本人の主たる父祖と見るべきです。

以上のような話を朝鮮半島における農業発展史から説明すると、半島における農業の黎明《れいめい》期には、遼東半島方面から畑作《はたさく》や稲でも陸稲など華北的な農業が先行して導入されていきました。一方、水田による南方的な稲作も３０００年くらい前から行われ始めていたようですが大きくは発展しませんでした。

日本でも縄文時代末期から稲作の痕跡はあり、それは、朝鮮半島から伝えられたものかもしれませんが、いわゆる弥生時代の始まりと言われるような革命的変化は、通過地として半島沿岸地方を経たとはいえ、中国の江南地方からの技術、種籾《たねもみ》、移民によるものとみるべきです。

日本語は、謎のアルタイ系言語と縄文語からできたクレオール語

孤立した謎の言語といわれる日本語ですが、そのルーツが分かったとしても、人種という意味での日本人のルーツが判明するわけではありません。

世界の言語を見ても、ほとんど、人種的な区分との関連についてルールはありません。たとえば、ラテンアメリカのスペイン語圏には、ペルーやボリビアのようなインディオが多数派である国もあれば、アルゼンチンのようにスペイン系よりイタリア系が多いところもあります。また、ポルトガル語を話すブラジルでは黒人の方が白人より多くなってしまいました。

ヨーロッパでも、ゲルマン人がローマ帝国内に同じように建てたフランスではラテン語、ドイツではゲルマン語がそれぞれの国語の基礎になりました。また、英語はアングロサクソン人の言葉にフランス語の単語が半数以上も採り入れられて成立しました。

中国語はタイ語やチベット語と同じ系統ですが、新モンゴロイドとされる漢民族が黄河流域の中原《ちゆうげん》に南下したときにいた先住民の言葉を受け継いだ可能性が

大きいと思います。それは、中国の建国神話が不自然に南方的な逸話《いつわ》から始まっていることとも符合《ふごう》します。

そういう予備知識を前提に日本語を考えたいのですが、大事なのは、トルコ、モンゴル、満州《まんしゅう》、韓国・朝鮮など広い意味でのアルタイ系言語と同様の文法構造を持ちますが、単語は南方のオストラネシア系のものが多いことです。

それでは、どういうときに、そうなるかと言えば、いちばんありがちなのは、アルタイ系の言語を話す商人が、南方系の人たちのところを回って現地の単語を使ってコミュニケーションを取っていたのがスタートだということです。たとえば、インドネシア語も、マレー人の商人が使っていたビジネス言語が、違う言語を話す種族のあいだのコミュニケーションに使われるようになったものです。

小笠原《おがさわら》の欧米系住民は英語の文法に日本語の単語という組み合わせを使いますし、戦前の満州では中国商人が日本語の単語を使って中国語で日本人の客と意思疎通《そつう》をしていたそうです。こうして成立した言葉のことを、クレオール言語と呼びます。クレオールとは植民地生まれの本国人のことで、アメリカではニューオリンズのフランス人を指し、その料理をクレオール料理といいます。

それならば、それがどの時代に成立したかといえば、縄文時代後半あたりと考えるのがもっとも自然です。つまり、漢族がたくさん入ってくる前です。そして、漢族は緩《ゆる》やかなスピードで入ってきたので、中国語を2世、3世には引き継がず、縄文時代に成立した原《げん》日本語を受け入れたということになります。このあたりは、本書のコラム「書き言葉としての日本語の成立」（156ページ）を参照してください。

なお、朝鮮語については、15世紀のハングル発明以前のことは書かれた文章がないのですから、まったく不明に近いのですが、現代の朝鮮語は、新羅の言葉が基礎になっていると推定されています。

高句麗語や百済語は、互いに似ているという以上には手がかりがありませんが、固有名詞などから推定すると、新羅語は子音《しいん》で音節《おんせつ》が終わるのに対し、高句麗・百済語は、日本語と同じく母音《ぼいん》で終わりますので、もしかすると新羅語より日本語に似た言葉だったかもしれません。

第2章

神武東征の真実

Q. 九州王朝は畿内を征服したのか？

A. 日向から少人数で出発した流浪の旅だった

神武東征は中世に生まれた伝説

「神武東征《じんむとうせい》」は鎌倉時代以降になって創作された話で、『日本書紀《しょき》』や『古事記《こじき》』には書かれてないと言うと皆さん驚かれます。戦前の皇国《こうこく》史観のなかでは、日向《ひゅうが》の領主だった神武天皇は神のお告げで、大和《やまと》へ向かって大軍勢を率《ひき》いて東征に出発したとされていました。宮崎県の美々津《みみつ》には神武天皇船出の地があり、出で立ちの日は日本海軍創設の日でした。

しかし、『日本書紀』にはそんなことは何も書いていません。神武天皇と呼ばれるようになる男性が、日向の国で領地らしきものを持っていた形跡もありません。「東征」に最初から参加していたメンバーとして名が記《しる》されているのは、3人の兄弟たち、息子、そして中臣《なかとみ》氏の先祖だけで、大軍勢などではなかったのです。

ところが、鎌倉時代の『平家《へいけ》物語』で俊寛《しゅんかん》が島流しの途中に日向で神武天皇の宮《みや》が営《いとな》まれた地を通過したことが書かれ、南北朝時代の『神皇正統記《じんのうしょうとうき》』には日向が宮が営まれ東征に出発した場所として紹介されました。さらに、その後の二次的な文学作品などを通じて勇《いさ》ましい神武東征伝説が確立していきました。

このことは、記紀《きき》を信用しない歴史家にも影響を与えて、邪馬台国《やまたいこく》はもともと筑紫《ちくし》にあったが、東遷《とうせん》して大和へ移ったという珍説を唱える人もいます。つまり、『日本書紀』にある神武東征は邪馬台国が畿内《きない》を攻め滅ぼした史実の反映だというわけです。しかし、記紀に神武天皇の出で立ちが少人数のものだとしか書いていないとすれば、そんな無理な想像をする根拠もなくなります。

私の結論は、天皇家に伝えられていた伝承は、大和を統一した崇神《すじん》天皇の数世代前の先祖が日向の国からやって来て、大和盆地の片隅《かたすみ》に小さな王国を創ったという漠然《ばくぜん》としたものだけだったということです。つまり、のちに上場会社になった企業を零細《れいさい》企業として創業した先祖のことを、あまり材料がないまま書いたようなものです。あとは、どういう豪族《ごうぞく》が大事な親戚かといった、あいまいとした伝承だったのではないでしょうか。

逆に言うと、神武天皇が日向出身で、橿原《かしはら》で王者となったということは信用していいと思うのです。嘘をつく動機がないからです。

宮崎神宮や橿原神宮の歴史は古くなかった

神武天皇を祀《まつ》る神社として有名なのは、宮崎市の宮崎神宮《じんぐう》と、奈良県橿原市の橿原神宮です。たいへん格が高く神々《こうごう》しさが感じられる立派な神社ですが、いずれもその歴史はたいしたものではありません。

宮崎神宮は、鎌倉時代の1197年に土豪《どごう》の土持信綱《つちもちのぶつな》が社殿《しゃでん》を造営したとされます。戦国時代には伊東《いとう》氏や島津《しまづ》氏によって保護され、江戸時代にはこのあたりが延岡《のべおか》藩の飛び地だったので、内藤氏の庇護《ひご》を受けていました。

しかし、皇室からはとくに縁《えん》がある神社とはみなされず、たとえば日向国の一宮《いちのみや》は大己貴命《おおなむちのみこと》（大国主命《おおくにぬしのみこと》）を祭神とする都農《つの》神社でした。

ところが、明治6年に県社《けんしゃ》となって宮崎神社と改称され、18年には官幣大社《かんぺいたいしゃ》へ昇進しました。そして、32年には「神武天皇御降誕大祭会《ごこうたん》」が組織され、さらに、紀元2600年を機に現在の立派な神社になりました。

この宮崎神宮の北西にあって神武天皇の宮の跡とされる皇宮屋《こぐや》を見下ろす丘の上に「八紘一宇《はっこういちう》の塔」が建てられたのもこのときです。八紘一宇は神武天皇の勅語《ちょくご》にある言葉で、「天下を一つの家に」といった意味ですが、大東亜戦争の標語に使われたので戦後は排撃《はいげき》され、ひどいことに、ロッククライミングの練習に使われ、秩父宮《ちちぶのみや》殿下が揮毫《きごう》された「八紘一宇」の文字は消されました。その後、復元されましたが、現在でも正式名称は「平和の塔」です。

橿原神宮は、畝傍山《うねびやま》（標高199メートル）の麓《ふもと》にあります。畝傍山は大和三山の中でもっとも高い山で、毅然《きぜん》とした美しさにより、たしかに建国神話の地にふさわしい風格があります。

この神宮は、神武天皇御陵《ごりょう》に隣接して創建されました。壬申《じんしん》の乱のときに大海人皇子《おおあまのみこ》（天武天皇《てんむ》）が神武陵に使者を送り挙兵を報告したという記事が『日本書紀』にあり、平安時代までは大事にされ、『延喜式《えんぎしき》』には100メートル四方と記され、977年には国源寺《こくげんじ》という寺院が建てられました。

ところが、中世には廃《すた》れてしまい行方不明になってしまいました。元禄時代にいったん現在の［第2代］綏靖《すいぜい》天皇の御陵になっているところが比定《ひてい》されましたが、幕末の1863年になって「ミサンザイ」あるいは「ジブデン（神武田）」というところの小さな塚《つか》をもって神武陵とすることになりました。

明治23年になって、その隣接地に官幣大社・橿原神宮が創建され、宮崎神宮と同じように昭和15年の紀元2600年祭のときに拡張されました。本殿は京都御《ご》所賢所《しょかしこどころ》（八咫鏡《やたのかがみ》の形代《かたしろ》を安置してあったところ）を移建したもので、全体の設計は築地本願寺《つきじほんがんじ》や平安神宮と同じ伊東忠太《ちゅうた》です。

神武天皇などについて論じるときには、少なくとも記紀にも書いていないようなことは無視すべきです。奈良時代に記紀が成立したあと、それを見て各地方の伝承を記紀の記述と関連づけたり、新しい物語が創られました。

もし記紀より前に成立していた信頼の置ける伝承なら、「一書《いっしょ》に曰《いわ》く」といった形で『日本書紀』に書かれているはずなのですから、そこに書かれていないことはだいたい後世《こうせい》の創作だと思うべきです。

『日本書紀』に神武東征はどう書かれているか

天照大神《あまてらすおおみかみ》から数えて6代目に当たるのが神武天皇です。そのあいだの世代にどんな人々がいるかいろいろ書いていますが、政治史を語るのに役立ちそうな情報はありません。なにしろ、神武天皇自身が領地などを持って家来がたくさんいる王者《おうじゃ》だったことをうかがわせる記述がないのです。

45歳のとき、「東に美しい土地があると聞く。青い山に囲まれ、そこには天から饒速日命《にぎはやひのみこと》が下っているという。ここそ、天下を治《おさ》めるにふさわしい土地であろう」という噂を聞いて東へ向かったということしか書いていません。

船出の地とされている美々津の港には、高さ10メートルほどの「日本海軍発祥之地」という石碑が建っていて、揮毫しているのは、海軍出身の米内光政《よないみつまさ》元首相です。そして、この風景を描いた日本画では、何艘《そう》もの大きな船に兵士たちが乗って賑々《にぎにぎ》しく船出する様子が描かれています。

地元の伝説では、天候が悪く船出を見合わせたが、天候が回復したので早朝に兵士たちを「すぐに船に乗れ」と叩き起こして出港することになったそうです。人々は船出に合わせて餅《もち》を作っていましたが、間にあわず、急いで、餅と小豆《あずき》を一緒についた「つきいれ餅」を作って差し上げ、それがいまでも美々津の名物となっています。

しかし記紀では、そのときに、同行したとして名があるのは、3人の兄たち、長男、そして中臣氏の先祖だけです。それなりの軍勢を率いた可能性を全面的に否定はできませんが、それをうかがわせる言葉は記紀には見られません。

とくに注目するべきなのは、女性を誰も連れていないことです。のちに大和に定着した神武天皇は現地の有力者の娘を皇后《こうごう》として娶《めと》るのですから、普通に考えれば最初から女性を連れていなかったことは間違いありません。

つまり、なんらかの事情で、家族を残して出奔《しゅっぽん》したのではないでしょうか。もちろん天災とか疫病《えきびょう》でそうなったのかもしれませんが、争いに巻き込まれて故郷をあとにしたというように解釈する方が自然だと思います。

それを少し、物語風に語ってみれば、こんなことではないでしょうか。

❖　❖

「母上や妹たちも殺されたのだろうか」と、少年が悲しい顔でつぶやいた。

豊予《ほうよ》海峡の潮《しお》の流れは速い。夏の陽が容赦なく照りつける小舟には、傷を負った壮年の兄弟が4人、それにさきほどつぶやいた少年、舟を漕《こ》ぐ若者が1人だけである。彼らは、日向の国に住んでいたが、隣村との争いに敗れて這々《ほうほう》の体《てい》で海に逃れたのだ。

「年寄りや弟たちは殺されたかもしれん。だが、女たちは殺されることはない。彼らのものになっただけだろう。口惜《くちお》しいが、この国は、大乱の時代じゃ。乱の時代にはその掟《おきて》がある」と苦々《にがにが》しげに口を開いたのは、少年の父親で、4人の兄弟の末弟《まってい》だ。

「もう一度、母上たちを助けに村に帰ろうではないか」と再び少年が言う。

「駄目だ。もう勝負はついた。仲間は殺され男は我々だけになったうえは、戻っても勝ち目はない。殺されるか、あるいは奴隷《どれい》にされるしかなかろう。近ごろでは、海を渡って遠い国に奴隷として売られたり贈り物代わりにされることもあると聞くぞ。なんでも、北の海を越えてさらに何ヵ月も進むと、目も眩《くら》むような美しい都《みやこ》があるそうだ。そこの皇帝から布や鏡《かがみ》などをもらうために献《けん》上《じょう》された者たちもいるそうだ。いまさら、村に戻れるものではない」と答えたのは、最年長の男だ。

「俺たち、これからどうする？」と兄弟の1人が言ったが、重苦しい沈黙がそれに続いた。当てがあるはずないのだ。

「東へ行こう。この海を10日ほど行くと、吉備《きび》といううたいそう豊かな国がある。そこから、さらに10日ほど行くと青い山に囲まれた良い土地があって大和というらしい。わしらの国（九州）からその昔、渡っていった者たちがクニをつくって、たいそう豊かだと聞くが、争《あらそ》い続きらしい。豊かになれば欲も出るのだろう。そこへ行けば、我々でも用心棒くらいには雇ってくれるだろう」と言ったのは、少年の父親だった。

兄弟の中でも知恵があり、他国からやって来た旅人たちの話を聞くのが好きで、ささやかな交易のために吉備まで行ったこともあるこの男の話は、ほかに良い考えもない兄弟たちを納得させた。

❖　❖

現実の東征はこんなことだったのではないでしょうか。

日向は神の国ではないが、皇室にとって特別の存在

この神武天皇の出で立ちの次に天皇家が日向に姿を現《あらわ》すのは、景行《けいこう》天皇やその子のヤマトタケルが熊襲《くまそ》を退治するために遠征してきたときです。神武天皇から数えて11ないし12世代あとで、普通に計算すれば3世紀から4世紀のちのことです。

しかもこのときに、景行天皇もヤマトタケルも墓参《はかまい》りとか、先祖の地を訪ねるなどしていません。場所がどこか不明だったのでしょう。

日向の各地には、記紀に出てくる場所だという伝説があり、神代《かみよ》の人々を祀る神社があります。しかし、これらの多くは中世以降において比定されたり、結び付けられたものと考えられます。

たとえば、高千穂《たかちほ》にしても、大隅《おおすみ》との国境に聳《そび》える霧島連山《きりしまれんざん》と宮崎県北西部の高千穂渓谷《けいこく》とふたつの場所に地名がありますが、どちらも中世以前からそのように比定されていた確証は持てません。天岩戸《あまのいわと》も全国にいくつもある伝説地のひとつに過ぎませんし、高千穂神楽《かぐら》は江戸時代以前には仏教のお祭りだったことが分かっています。

日本神話に限らず神話のふるさとへ行くと、神々の世界を体感して、神話は本当だったと思う人が多いのですが、後世の人が神話をベースにしてそれにふさわしい景観《けいかん》や行事を創ったことに惑《まど》わされているのです。

一般に、有名な神社の景観は非常に新しいものが多いのです。伊勢《いせ》神宮でも出雲《いずも》大社でも現在の風景に近いものは、江戸時代や明治時代になってから成立したということを、第10章で説明します。

宮崎の神話の舞台だとされる場所も、それらしい雰囲気の景観が幕末以降に作り上げられたテーマパークなのです。もっとも権威ある郷土史《きようど》である『宮崎県の歴史』（山川出版社）は、「始祖降臨の地として日向を特別視することは、奈良・平安時代にはほとんどなかった」としています。

しかしながら、日向は大和朝廷の全国統一過程にあって特別の存在であることも間違いではありません。景行天皇は、熊襲を討つために日向高屋宮《ひむかのたかやのみや》（宮崎県西都市）に6年も留《とど》まりましたし、その子のヤマトタケルは熊襲の首長である川上《かわかみの》梟帥《たける》を女装してだまして討ち取りました。

のちに詳しく説明しますが、この景行天皇やヤマトタケルは筑紫にはほとんど入っておらず、大和朝廷が筑紫に先行して日向を傘下《さんか》に入れたというのが、記紀が物語っている歴史なのです。

また、大和朝廷の勢力が九州に及んだのち、日向出身の多くの女性が天皇の後宮《こうきゆう》に入っています。たとえば、応神《おうじん》天皇は日向国諸県君牛諸井《もろかたのきみうしもろい》の娘である髪長媛《かみながひめ》が美人だと聞いて都に召《め》し上げたのですが、皇太子だった仁徳《にんとく》天皇が見初《みそ》めてその后《きさき》となり、大草香皇子《おおくさかのみこ》と草香幡梭《くさかのはたび》姫《ひめの》皇女《ひめみこ》（雄略《ゆうりゃく》天皇皇后）の母となったと『日本書紀』にあります。このほか、景行天皇の髪長大田根媛《かみながおおたねひめ》や応神天皇の泉《いずみの》長媛《ながひめ》も日向の出身です。

もちろん、ヤマトタケルが活躍したころに日向が全国でも有数の栄《さか》えた土地だったということもあるでしょうが、それとともに、天皇家が先祖からの言い伝えでの父祖《ふそ》の地として日向を意識し大事にしたこともあったと思います。

そういう意味で、皇国史観がつくりあげたイメージとはだいぶ違うのですが、日向の国が皇室にとって特別の土地だというのは間違いないことなのです。

神武天皇の支配地は大和盆地のごく一部だけ

「欠史八代《けっしはちだい》」とは、神武天皇と崇神天皇の中間の世代で、詳しい事跡《じせき》が記紀に書かれていないので、「初代」神武天皇についての伝承だけが正しいはずがないと言う人もいます。しかし、私たちの周囲を見渡しても、途中の世代についての記憶があやふやでも、「先祖がいま住んでいる村にどこから来た」という伝承は、正確に伝えられ、過去帳《ちょう》を調べたら本当だったということが多いのです。

日向を出た神武天皇の小集団は、宇佐《うさ》、安芸《あき》などを経て、吉備に3年間留まっています。その当時の吉備は、筑紫、出雲、大和などと並んで繁栄していたところです。

こうした武装集団が見知らぬ土地で居場所を見つけられるのは、用心棒か傭兵《ようへい》として雇われるとか、特別な技術でも持っているときです。おそらく彼らは、この地の土着《どちゃく》勢力に雇われて定着し、少しばかりの手下を得たのでしょう。

そして、さらにフロンティアを求めて東へ向かい、とりあえず、河内《かわち》の国の村を襲ったのでしょう。しかし、住民たちが、大和盆地南西部の領主であった長髄《ながすね》彦《ひこ》に救援を求めたので、長兄の五瀬命《いっせのみこと》は戦死し、南へ逃げる途中にほかの兄たちも落命《らくめい》したようです。そこで、記紀によれば神武天皇は熊野《くまの》の奥深い山に入り、そこから長髄彦たちを攻撃したということになっています。

しかし、神武天皇と呼ばれることになる人物は、並外れた武芸の達人かよほどカリスマ的魅力もあったのでしょう。古代には、容貌《ようぼう》、武芸、声、音楽的才能、予知能力、手品《てじな》の技術などがものを言ったはずです。

「私は太陽神《たいようしん》の子孫だ」「夢で大和という青い山に囲まれた豊かな土地があるの

を見た。そこへ行ってクニを建てるようにとお告げがあった」など巧《たく》みに語ったのかもしれません。長髄彦から人心が離れつつあったのか、長髄彦の妹婿《むこ》だった物部《もののべ》氏の祖先である饒速日命《にぎはやひのみこと》もこの侵入者と手を組むことになりました。

そして、長髄彦との一騎打ちで勝って、畝傍山の麓に小さな王国を建国したのが、伝説によれば紀元前６６０年の2月11日だというわけです。

この段階では、日本全体の支配者になったわけではなく、大和のそのまたごく一部しか支配下に収めていません。つまりこれは、狼《おおかみ》に育てられたロムルスがローマの礎《いしずえ》を築いたとか、任天堂の山内溥《ひろし》さんの曾祖父が京都五条で花札《はなふだ》づくりの作業場を開いたというようなものです。

いずれにしろ、皇室の先祖で大和に定着し成功した最初の人物は間違いなく誰かいるのですから、架空だとするのは無意味です。一方、このちに神武天皇と呼ばれることになる中年の人物が、自分の子孫が日本列島の王者《おうじゃ》になると思っていたとも考えにくく、その意味では「日本建国の日」というのも少し大げさで、私は「皇室の日」とでもすればいいと思います。

それでは、神武天皇が本当はいつごろの人物だったかということですが、だいたい、紀元前後から2世紀くらいだと考えるのが普通でしょう。紀元前660年だとすれば、縄文時代になってしまいます。一方、あとで書きますが、崇神天皇の全盛期は3世紀なかば過ぎではないかと推定されています。

そこで、記紀にあるとおり崇神天皇が神武天皇から数えて10世代目だとしますと、紀元前後になります。つまり、倭奴国王《わのなのこくおう》が後漢《ごかん》の光武帝《こうぶてい》から金印《きんいん》をもらったころです。しかし、ちょっと早すぎる印象もあり、親子による継承でなく兄弟が引き継いだこともあったとすれば、数世代の差で、中国の史書が「倭国大乱」の時代だったとする2世紀のことになります。

「欠史八代」の間に縁組みを通じて大和の有力者に

日向の国から男だけで出奔したらしい神武天皇は、大和の有力者の娘たちを妻としましたが、そのなかで葛城《かつらぎ》の事代主神《ことしろぬしのかみ》（大国主命の子ともされる）の娘である媛蹈鞴五十鈴《ひめたたらいすず》媛命《ひめのみこと》を皇后にしました。

神武天皇が崩御《ほうぎょ》したとき、日向からついてきた手研耳命《たぎしみみのみこと》は、継母《ままはは》を妻としました。そして、彼女と神武天皇の間に生まれた弟たちを殺そうとしたのですが、彼女はこのたくらみを長男の神八井耳命《かんやいみみのみこと》と次男の神渟名川耳尊《かんぬなかわみみのみこと》に知らせ、兄弟は手研耳命を片丘《かたおか》（北葛城郡王寺町《おうじちょう》）で討ち取りました。

このとき、神八井耳命は恐怖で手が震えて矢を放《はな》てなかったので、神渟名川耳尊が手研耳命を殺し、綏靖《すいぜい》天皇として即位しました。そうした事実がないなら、なにも記紀に書く必要もないことですから、史実だと思います。

綏靖天皇から開化《かいか》天皇までを、欠史八代といいます。細かい事跡の伝承はないのですが、宮が営まれた場所と后の出身地や氏族は書かれています。天皇家の勢力圏とか、つながりが深かった氏族をおぼろげながら示してくれます。

神武天皇が創始したミニ王国が、大和を統一した崇神天皇以前に勢力範囲としていたのがどの範囲かといえば、だいたい、大和盆地の南西部、いまでいえば、御所《ごせ》市、大和高田《やまとたかだ》市、香芝《かしば》市、葛城市、北葛城郡あたりの葛城地方です。

というのは、［第2代］綏靖天皇から［第8代］孝元《こうげん》天皇までの皇后の出身地を地図に落としていくと、この範囲に集中しているからです。

［第2代］綏靖天皇の后は母親の妹です。高丘宮《たかおかのみや》は御所市森脇《もりわき》の葛城山の中腹で一言主《ひとことぬし》神社の近くで、畝傍山も望める気持ちのいい風景です。

古代の宮都(大和南部)と欠史八代の大和

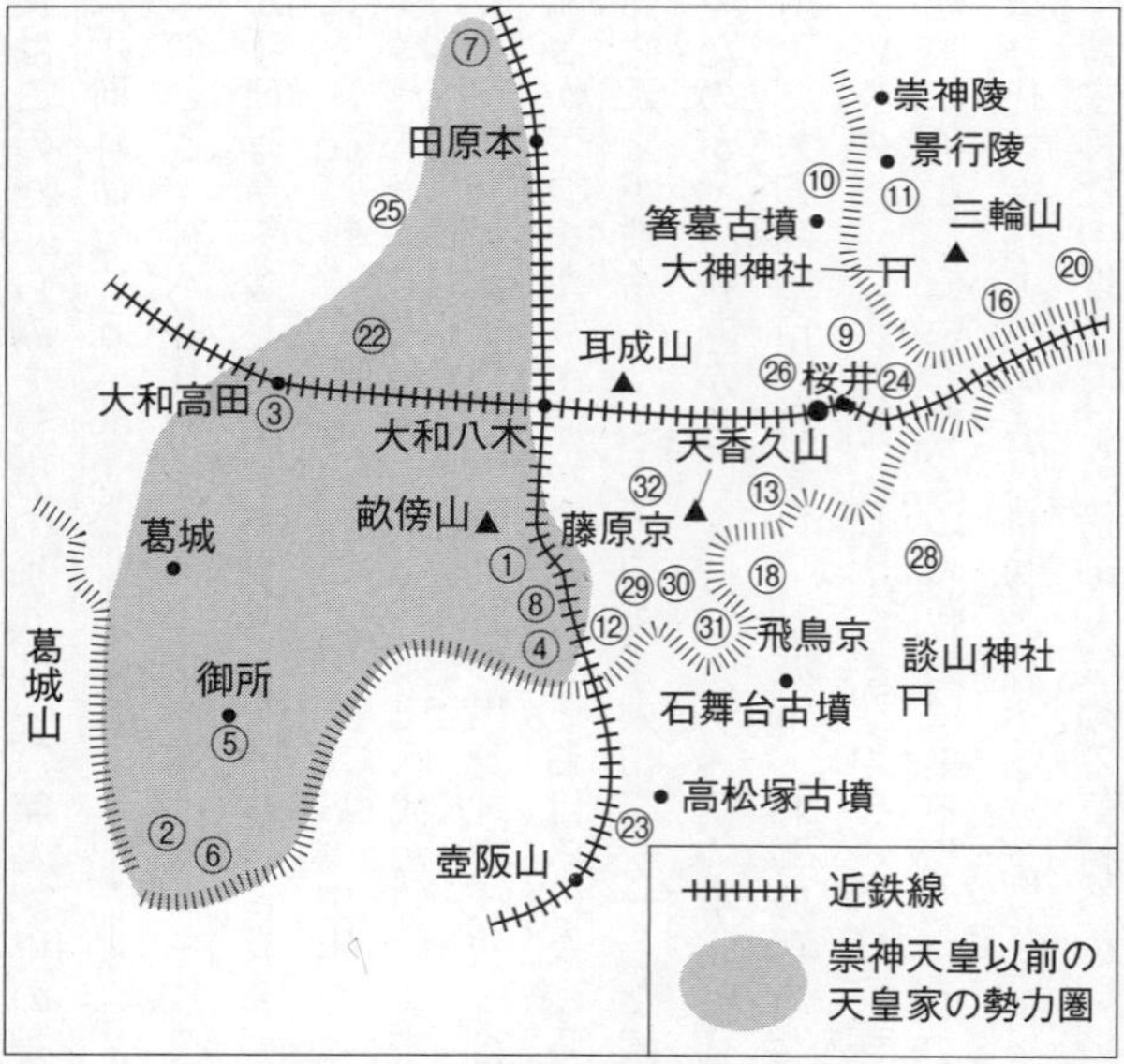

①橿原宮	神武天皇	⑬磐余稚桜宮	履中天皇	㉕百済大井宮	敏達天皇
②高丘宮	綏靖天皇	⑭遠飛鳥宮	允恭天皇	㉖訳語田幸玉宮	敏達天皇
③片塩浮孔宮	安寧天皇	⑮石上穴穂宮	安康天皇	㉗磐余池辺双槻宮*	用明天皇
④軽曲峡宮	懿徳天皇	⑯泊瀬朝倉宮	雄略天皇	㉘倉橋柴垣宮	崇峻天皇
⑤掖上池心宮	孝昭天皇	⑰磐余甕栗宮*	清寧天皇	㉙豊浦宮	推古天皇
⑥室秋津島宮	孝安天皇	⑱近飛鳥八釣宮	顕宗天皇	㉚小墾田宮	推古天皇
⑦黒田廬戸宮	孝霊天皇	⑲石上広高宮	仁賢天皇	㉛飛鳥京	
⑧軽境原宮	孝元天皇	⑳泊瀬列城宮	武烈天皇		舒明・皇極・斉明・天武天皇
⑨磯城瑞籬宮	崇神天皇	㉑磐余玉穂宮*	継体天皇	㉜藤原京	持統・文武天皇
⑩纒向珠城宮	垂仁天皇	㉒勾金橋宮	安閑天皇		
⑪纒向日代宮	景行天皇	㉓檜隈廬入野宮	宣化天皇		
⑫軽島豊明宮	応神天皇	㉔磯城島金刺宮	欽明天皇		

異説もあるが、最有力とされるものだけを地図上に記載した。
＊はいずれも磐余池の畔にあったといい、⑬と近隣だったと推定される。

［第3代］安寧《あんねい》天皇の后も葛城地方出身の渟名底仲媛命《ぬなそこなかつひめのみこと》（豪族鴨王《かものきみ》の娘《むすめ》か）です。浮孔宮《うきあなのみや》の所在地は、諸説ありますが、橿原市か大和高田市です。

［第4代］懿徳《いとく》天皇の后は兄の娘ですが、末子《まっし》が相続し長兄の娘を娶《めと》るというパターンが好まれたようです。軽曲峡宮《かるのまがりおのみや》は、橿原神宮の南、岡寺《おかでら》駅の付近です。

［第5代］孝昭《こうしょう》天皇の后は、尾張《おわり》氏の祖である瀛津世襲《おきつよそ》の妹です。掖上宮《わきがみのみや》は御所市池之内のあたりです。

［第6代］孝安《こうあん》天皇の后は同母兄の娘です。室秋津島宮《むろあきつしまのみや》は、葛城地方でも南部にあり、全国で第18位の大きさの宮山古墳《みややまこふん》の近くです。秋津島は、日本全体を指すこともありますが、もともとは葛城地方のことのようです。

［第7代］孝霊《こうれい》天皇の后は磯城県主大目《しきのあがたぬしおおめ》の娘で、廬戸宮《いおとのみや》も皇后の実家に近い近鉄田原本線《たわらもとせん》黒田駅の近くでだんだん三輪山《みわやま》の麓に近づいてきたわけです。また孝霊天皇は、桃太郎のモデルといわれる吉備津彦命《きびつひこのみこと》や、箸墓《はしはか》古墳の被葬《ひそう》者でヒミコその人と邪馬台国畿内説の主張者がいう倭迹迹日百襲姫命《やまとととひももそひめのみこと》の父親です。

［第8代］孝元《こうげん》天皇の后は、物部氏と同族で、全国の鈴木さんの祖先でもある穂《ほ》積臣《づみのおみ》出身です。軽境原宮《かるのさかいはらのみや》は橿原市の岡寺駅に近いところです。子である大《おお》

彦命《ひこのみこと》は、阿倍臣《あべのおみ》や筑紫国造《ちくしのくにのみやつこ》の祖で、埼玉県で発見された稲荷山《いなりやま》古墳出土の金《きん》錯銘鉄剣《さくめいてつけん》にその名が刻《きざ》まれており、実在性の高い人物です。

［第9代］開化天皇の后は、物部氏の祖・大綜麻杵《おおへそき》の娘です。孝元天皇の妃の1人で、武内宿禰《たけしうちのすくね》の祖父で子孫が葛城・蘇我《そが》・平群《へぐり》・紀《き》各氏となる彦太忍信命《ひこふつおしのまことのみこと》を生んだのち、義理の息子と再婚して崇神天皇の母になります。

このころ、大和でいちばん栄えていたのは、三輪山の北西にある纒向《まきむく》遺跡のあたりです。邪馬台国畿内説の人がその地だといっている場所です。

そして、天皇家は南西部の葛城地方の有力豪族のひとつだったようです。このころの大和は、どこかひとつの国がリーダーだということでもなかったのでしょう。友好的に共存していたのでも、血で血を洗うような戦闘状態でもなかったのだと思います。多くのクニが争ったり、婚姻《こんいん》などを通じて協力関係になったりを繰り返していたのではないかと考えられますが、それは次章のテーマです。

第3章

邪馬台国の所在地

Q．邪馬台国はどこにあった？

A．卑弥呼が九州で死んだ1世紀後に、天皇家が北九州に登場

卑弥呼はアンチ天皇制のシンボルとしてでっち上げられた

「日本の初代女王だった卑弥呼《ひみこ》」という表現がＮＨＫの歴史番組に登場したのを見て愕然《がくぜん》としました。日本を公的に代表する放送局であるＮＨＫですが、歴史番組について、中国や韓国の国営放送かと思うことが多いのです。

中国の冊封《さくほう》体制のもとに日本も古代からずっとあったとか、韓国に対して日本はつねに加害者だといった番組が多いですし、中韓の国威発揚《はつよう》のための捏造歴史ドラマを垂れ流す一方、大河ドラマなどでも中韓への遠慮ばかりが目立ちます。

邪馬台国とか、卑弥呼が有名になったのは近年のことです。中国の史書にそれが書かれていることは『日本書紀』の編纂《へんさん》者たちも知っていて「一書に曰《いわ》く」という形で掲載しているのですが、何分、日本側の記憶にないことなので、苦し紛《まぎ》れに神功皇后《じんぐうこうごう》のことかもしれないなどと書いてあります。

ところが、戦後、万世一系《ばんせいいっけい》を否定したいばかりに、天照大神《あまてらすおおみかみ》や神功皇后に代わるスターとしてクローズアップされ、アンチ天皇制のシンボルになりました。

中国の正史に出てくるから確かだと言いたいのでしょうが、中国の史書は、中国の都《みやこ》でいつ何があったか、どんな「報告」があったかはかなり信用できるのですが、その「報告の内容」が正しいとは限らないのがくせ者です。

邪馬台国とか卑弥呼という名称についても、本当にそういう名だった可能性は低いし、文字も伝わっていなかった時代に卑弥呼の手紙などあるはずがないのです。ともかく、大事なことは、邪馬台国も卑弥呼も日本国家の記憶の中には何も残っていない存在だということです。それを「初代女王」でもありますまい。

邪馬台国は、大和《やまと》で統一政権が崇神《すじん》天皇によって成立する少し前に九州あたりにあった小王国で、大和朝廷の力が北九州に伸びた1世紀近く前には滅《ほろ》びていたということで、『魏志倭人伝《ぎしわじんでん》』など中国の文献、『日本書紀』、考古学的な成果は無理なく整合します。日本の教科書には「中国の史書に卑弥呼と彼らが呼んだ女王が使《つか》いを送ってきたと書いているが詳細は不明である」と書くだけに留《とど》めるべきです。

『日本書紀』の系図や統一過程は全面的に信用できる

中国の史書で邪馬台国と呼ばれた国が存在して、その女王・卑弥呼の使者が、239年に三国時代の魏の洛陽《らくよう》に現れたことは確実です。しかし『日本書紀』には、『魏志倭人伝』にそのような記述があると参考として書かれているだけです。つまり、飛鳥《あすか》時代の朝廷ではそんな記憶がなかったのです。

プライドがゆえに朝貢《ちょうこう》したと言いたくなかったのではという人もいますが、倭の五王の使節や遣隋使《けんずいし》のことは書いているのですから、理由になりません。

こういう場合に普通なら、日中の史書が矛盾しないように解釈します。ところが、戦後の歴史学者は、記紀《きき》に書いてあることはできるだけ無視して解釈しようとしてきました。

とくに大きな間違いは、中国に使節を送った女王の国は、当時の日本でいちばん栄《さか》えた国であったに違いないという思い込みをしていることです。そうでなければ、中国に失礼だと思っているのでしょう。

それから、文献資料は、何についてどの程度信用できるかを考えて扱うのが当たり前です。ところが、歴史学者は、あたかも卑弥呼が中国語の手紙を書いたり読んだりできたような前提で議論を組み立てています。

私も含めて外交の現場にもいたことがある立場からすると、荒唐無稽《こうとうむけい》なことがあまりにも多いのです。歴史学者は一般に考古学や文献学の専門家であっても、政治や外交の専門家ではありません。歴史的人物の病気について医者の意見を聞くのと同じように、現場感覚を持った人の意見をもっと聞くべきです。歴史学者は外交現場の現実を知らないのですから。

記紀のような日本の史書と、中国の史書はそれぞれに長所短所があります。たとえば『日本書紀』は奈良時代の720年に完成したものですが、それ以前に蘇《そ》我蝦夷《がのえみし》・入鹿《いるか》父子が滅びたときに焼失したといわれる『帝紀《ていき》』『旧辞《きゅうじ》』など多くの史書が編纂されていましたし、各豪族《ごうぞく》の持っている文書も多かったようです。

つまり、飛鳥時代に文字で記録を残すことが本格化して、そうした当時に言い伝えを整理し国家成立の歴史をまとめようという動きがいろいろあって、その集大成が記紀です。もちろん、そのときの権力者によるバイアスはかかっているでしょうが、あまり荒唐無稽では国内だけでなく半島や中国でも笑われるだけで、国家の権威を確立する役に立ちませんから、そんな非常識なことを書いたはずがないのです。

当然、古い話であるほど記憶は不確かになりますが、たとえば、推古《すいこ》天皇からすれば継体《けいたい》天皇は祖父ですし、雄略《ゆうりゃく》天皇は高祖父《こうそふ》世代ですから、このあたりまでは、かなり細かいところも信頼性が高いと思っていいでしょう。そのくらいの過去のことなら、現代においても地方の名家《めいか》で親戚なども多い一族なら、系図だとか、近隣の有力者とのかかわりなど重要事項については、それなりの伝承は残っているし、それは、大筋としては信用してもいいものです。

また、企業が合併などを繰り返してきたら、その順序は組織内での序列にかかわりますから、正確に記憶されます。大和朝廷にどこの地域や部族が先に服属してきたかについてもそうだったはずなのです。さらに言えば、大和朝廷自身、あるいは、それと密接なつながりを持っていた勢力が中国と大々的な交流を行ったら、そのことがまったく記憶されていないというのは不自然です。

一方、文字記録が断片的なものしかなかったはずですから、固有名詞などは正しく伝わっているとは考えにくいでしょう。

年代はそもそも無茶苦茶《むちゃくちゃ》です。『日本書紀』に記されている年代は、実際の年代を一定の法則で水増ししたのではないかと、試算する人もいますし、『古事記』の干支《えと》は信頼できるという人もいますが、私たちが祖先のことを親戚の年寄りなどから聞く場合でも、系図とかどんなことをしたというのは史実のことが多いと思いますが、時代については、いまから100年ほど前とか幕末にといった大ざっぱなことが多いのではないでしょうか。

中国の暦《こよみ》が不完全ながらも伝わったらしい雄略天皇時代あたりからあとのことですら、あやふやな点が多いので、それ以前はお話にならないのです。

むしろ、系図がいちおう正しいとして、それぞれの登場人物についての記述から、若いころの子か年を取ってからの子かなどというあたりを加味して推定していけば、だいたいの実年代は分かります。そこに、中国などの史書や、好太王碑《こうたいおうひ》のような考古学資料も加味して実年代をだいたいでも確定した方が一定の法則で水増しするより、はるかに建設的で大きな間違いを生みません。

洛陽や南京でいつ何があったかしか信用できない中国の史書

中国の史書については、洛陽にいつ誰が来てどう言上《ごんじょう》したとか、出先などからどんな報告があったかなどについては、かなり信用できます。ですから、年代確定の材料としては、非常に高い信頼度があるといえます。

しかし、その言上や報告の内容が真実であるという保証は何もありません。現代でも外国駐在大使の公電《こうでん》とか地方出先機関の報告では、自らの業績を大きく見せるために誇張したり、でっち上げたり、都合のいい噂を取り出したりもしますし、ばれて困ることにならない範囲ではいろいろ細工します。

とくに古代のことですから、遠い日本列島のことなど真実が暴露《ばくろ》される可能性はほとんどなかったので、噂も言いたい放題だったはずです。たとえば、魏の使節として卑弥呼のもとへ行ったというのにしても、日本に来なかったとか、都にはたどり着かなかったといった可能性も大いにありそうです。

もちろん本当かもしれませんが、細部の記述がすべて正確だという前提で、こうでなければおかしいなどとするのは無理があります。

また、邪馬台国からやって来た使者が手紙を持ってきたといいますが、文字も伝わっていないのですから、卑弥呼にしても中国語が読み書きできたはずがありません。楽浪郡《らくろうぐん》なり洛陽までやって来て、書状なしでは謁見《えっけん》のときに困るというので用意したといったところではないでしょうか。

日本語の地名や人名についても、日本人が言っているのを聞いて、中国人が書きとったものでしょうが、勘違いや聞き違いも多かったはずです。たとえば、倭国については、「我」と言っているのを聞いて、名付けたという説が『神皇正統記《じんのうしょうとうき》』などにも載《の》っていますが、かなり有力な仮説で、日本人が自分の国を倭国だと言ったのではありません。

卑弥呼という名も嘘でしょう。なにしろ、『魏志倭人伝』には、邪馬台国と戦っていた狗奴国《くなこく》の男王の名前が卑弥弓呼《ひみここ》だとしています。王者を表す一般名詞のようなもので、これを固有名詞と混同したと推定すべきです。

歴史学者は卑弥呼とか倭王武《ぶ》とか中国での勝手な呼び名は教科書に採用するのに、崇神天皇のような諡号《しごう》は後世になって付けられた呼び名なので使わないという態度ですが、「中国人が卑弥呼と呼んだ女王」とか、「後世になって崇神天皇と呼ばれるようになった王者」といえばいいのであって、同時代の中国人の呼び方だけ採用するのはおかしな話です。生きている時代に呼ばれたように呼べというなら、昭和天皇も在世中はそんな呼び方はされなかったではありませんか。

地名から謎解きをしたがる人も多いのですが、これもあまり重視できません。奈良県を指す大和の国の表記は、古くは大倭《やまと》（おおやまと）だったし、大養徳《やまと》だったこともあるのですが、奈良時代の孝謙《こうけん》天皇のときに大和が定着しました。「山に留《とど》まる」とか、「山の処《ところ》」であるといいますが、そんな地形はいくらでもあるので、邪馬台国を奈良県の大和や福岡県南部の山門郡《やまとぐん》といういまもたまたま残っている地名と断定的に結びつけるのもいかがなものでしょうか。

考古学は補完的な材料を提供するだけでいい

あらゆる学問のなかで、いまの日本でいちばんいかがわしいのは考古学ではないでしょうか。なにしろ、「世紀の大発見」「邪馬台国論争に終止符か」といった新聞記事が紙面を毎月のように賑《にぎ》わし、遺跡の説明会を開けばファンが押し寄せます。

だいたいの学問では、世紀の大発見などせいぜい10年に一度くらいだし、長い間続いた論争に終止符が打たれたり、定説がころころ変わることも滅多にありません。どうしてこんなことが起きるかといえば、マスコミがそれを求めているからでもありますが、研究費が確保でき、地元の観光開発にもなるからということで悪のりすることが常態化しているのは遺憾です。

とはいえ、私は考古学の重要性も理解していますし、興味もあります。ただ、なんとも困るのは、考古学の立場だけからの無理な推理がなされ、「それを受け入れろ」というような主張がされることです。殺人事件の捜査で、証言も動機も軽視して、現場に誰の指紋《しもん》や髪の毛がたくさんあったかだけから犯人を特定すべきと言うようなものです。

たくさん遺跡がある、出土物が立派だというのも大事ですが、発掘して見つかるのは、たまたまでしかありません。たとえば、出雲《いずも》神話は日本神話で重要な地位を占めていますが、近年まで出土品は貧弱でしたので、出雲はこのころ栄えていたわけではなかったと言う人が多かったのです。

ところが、出雲市斐川《ひかわ》町の荒神谷《こうじんだに》遺跡で、銅剣３５８本、銅鐸《どうたく》６個、銅矛《どうほこ》16本が出土し（１９８４～85年）、加茂岩倉《かもいわくら》遺跡で39口《く》の銅鐸が発見されました（１９９６年）。

考古学者以外でも、梅原猛《うめはらたけし》は30年ほど前に書かれた『神々の流竄《るざん》』で、出雲神話の舞台は実は出雲ではなく大和神話だったが、なんらかの配慮で舞台を出雲へ移したのではないかと書いていましたが、遺跡発見後の『葬られた王朝』では「強力な古代出雲王国が大和まで支配していたことがある」と意見を変えました。

出雲からはまったく何も出ないというならともかく、そうでなければ、記紀であれだけ重視されている以上は、日本国家成立にあたって重要な役割を演じた可能性が高いというように、もともと位置づけるべきだったのに、たまたま、遺跡が見つかっていなかったというだけで、出雲が先進地域だったはずがないと決めつけるような唯我独尊の手法をとるから、遺跡発見のたびに定説がころころ変わるのです。

邪馬台国についても、考古学者はだいたい畿内《きない》説支持です。理由はつまるところ、纒向《まきむく》遺跡など卑弥呼のころとおぼしき時代の立派な遺跡が大和からたくさん発見されている一方で、いままで見つかっている九州の同時代の遺跡はぱっとしないというだけのことです。

ある日、卑弥呼の墓といってもおかしくない古墳が九州で発掘される可能性もあるし、完全に破壊されて痕跡《こんせき》もないのかもしれないし、そもそも径《けい》百歩（100メートル四方ということか）の墓という『魏志倭人伝』の記述が正しくないかもしれないのですから、そんなことで邪馬台国は九州だという可能性が低いとか、纒向遺跡に近い箸墓《はしはか》が有力だなどと言えるはずがないのです。

そして、何よりも、卑弥呼と同時代に大和で邪馬台国より栄えた国があってはどうしてまずいのか理解不能です。もし邪馬台国が大和にあったとしたら、どうして飛鳥時代の大和朝廷の人がその記憶を引き継いでいなかったか説明がつかない、ということの方が発掘遺跡からの推理よりよほど大事なはずです。

崇神天皇から応神天皇までの実年代を推定するのは簡単

倭の五王（讃《さん》・珍《ちん》・済《せい》・興《こう》・武《ぶ》）による中国南朝への使節派遣は、統一日本国家が中国と初めて交流を持ったという意味でたいへん大事なのですが、中国の史書と記紀に共通して記述されているという意味でも重要な出来事です。

つまり、記紀に書いてある出来事の実際に起きた年をほぼ確定できるからです。五王の比定《ひてい》や交流の内容は次章で紹介するとして、とりあえず、日中の史書を付き合わせて、五王以前の出来事の実年代を推定してみたいと思います。

中国の史書の記述から見ると、最初の倭王讃（仁徳《にんとく》天皇または履中《りちゅう》天皇とみられる）の崩御《ほうぎょ》は430年代あたりということが確定できます。しかし、それ以前の出来事は中国の史書からは分からないので、好太王碑や大和石上《いそのかみ》神宮の国宝・七支刀《しちしとう》、それにだいぶ信頼性は下ですが、韓国の『三国史記《さんごくしき》』から推定するしかありません。

そういうことで、主な出来事や歴代天皇の生年、即位年などを推定してみたのが、77ページの表です。中国政府は、専門家を動員して、「夏商周断代工程」という古代史の実年代についての公的解釈を統一しましたが、日本政府も是非するべきだと思います。

大和石上神宮の七支刀は、百済《くだら》王が倭王にプレゼントした木の枝のような形をした刀ですが、『日本書紀』では神功皇太后《こうたいごう》に贈られたものとされています。この刀に正確な判読が困難ではありますが、泰和4年（中国南朝東晋《とうしん》の年号でおそらく369年）と思われる銘《めい》があります。このことから、この時代までに大和朝廷が百済と外交関係を持っていたことが推定できます。

また、満州吉林省《きつりんしょう》の好太王の墳墓《ふんぼ》の近くにある「好太王碑」には、「新羅《しらぎ》や百済は高句麗《こうくり》の属民《ぞくみん》であり朝貢していたが、倭が391年に海を渡ってきて百済や加羅《から》や新羅を破り、臣民《しんみん》となしてしまった」とあります。

さらに、『新羅本紀《ほんぎ》』には倭人が紀元前50年を最初として、何度も新羅の海岸地帯を侵《おか》し、とくに346年、ついで393年には首都だった金城《きんじょう》（慶州《けいしゅう》）を包囲したとあります（『新羅本紀』については正確性に限界がありますが、とくに動機がない場合にわざと歴史認識と違うことを書いたとも思えません）。

こうした記録と、『日本書紀』の記述を総合的に解釈すれば、少しの年代のずれはありますが、仲哀《ちゅうあい》天皇の死、神功皇后の三韓征伐《さんかんせいばつ》、応神《おうじん》天皇の死が『新羅本紀』で倭が攻めてきたとしている346年に近い年代であることが有力だと推定できます。

そうすると、応神天皇の生まれと、その息子の仁徳天皇、あるいは孫の履中天皇の死の差は約90年ということになるわけです。もし倭王讃が仁徳天皇なら、た

西暦	中国	日本	天皇	出来事
346			神功	倭軍が新羅の首都である金城を包囲(『新羅本紀』)
369			神功	百済王が七支刀を神功皇太后に贈る
391				倭国が新羅・百済を臣民に(好太王碑)
393				倭軍が新羅の首都である金城を包囲(『新羅本紀』)
396				好太王が倭の臣民百済を討つ
400				好太王が新羅救援のため、倭軍を追って任那加羅に進出
404				倭が帯方郡(ソウル北方?)に侵入したので討つ
413	東晋	讃	仁徳?	東晋・安帝に貢物を献ずる(真偽不明)
421	宋	讃	仁徳?	武帝から除綬の詔を受ける
425	宋	讃	仁徳?	司馬の曹達を遣わし文帝に献ずる
438	宋	珍	反正	倭王珍(讃の弟)自ら「使持節都督倭・百済・新羅・任那・秦韓・慕韓六国諸軍事安東大将軍倭国王」と称し、正式の任命を求めるが、安東将軍倭国王とする
443	宋	済	允恭	安東将軍倭国王とされる
451	宋	済	允恭	「使持節都督倭・新羅・任那・加羅・秦韓・慕韓六国諸軍事」を加号され、のちに、安東大将軍とする
462	宋	興	安康	済の世子の興を安東将軍倭国王とする
478	宋	武	雄略	自ら開府儀同三司と称し叙正を求めたので「使持節都督倭・新羅・任那・加羅・秦韓・慕韓六国諸軍事安東大将軍倭王」とする
479	南斉	武		倭王武を鎮東大将軍(征東将軍)に進号する(使節派遣なし)
502	梁	武		倭王武を征東大将軍に進号する(使節派遣なし)

●百済王から神功皇太后への七支刀の贈呈は『日本書紀』にも書いているので、いちおう確定させることに値する。そうすると３４６年の新羅首都包囲がいわゆる三韓征伐の有力な年となり、そのあたりが仲哀天皇の死と応神天皇の誕生となる。ただし、大和朝廷による半島支配は神功皇太后の三韓征伐によって一気に確立されたのではなく、４世紀後半に至るまでに徐々に確固としたものとなり、５世紀後半の雄略天皇のころまでその全盛期が続いたとみることが、中国や韓国の正史や好太王碑との整合性がよく説明できるように思われる

●中国南朝の『宋書』では、倭王珍を倭王讃の弟としており、それだと讃は履中天皇ということになるが、『日本書紀』でも履中は６年、反正は４年のみの在位である。また、『日本書紀』は仁徳天皇と南朝との交流を記しており、讃(仁徳)が死んで履中が嗣いだが、すぐ死んだので珍(反正)が即位して使いを寄こしたと言ったのを勘違いしたとみるのが、もっとも自然だろう

●応神天皇の誕生をいちおう３４６年として、そこから、歴代天皇の生涯について『日本書紀』が書いていることから誕生年を推定する方法については本文を参照。それも踏まえて左ページのような実年代を推定

古代天皇の実年代はこうだ！

	御号	読み	推定即位年	推定生年	『日本書紀』による記述				
					在位	在位年数	即位年齢	退位年齢	生没年
1	神武	じんむ	1~2世紀		前660-前585	76	52	127	前711-前585
2	綏靖	すいぜい	1~2世紀		前581-前549	33	52	84	前632-前549
3	安寧	あんねい	1~2世紀		前549-前511	38	29	57	前577-前511
4	懿徳	いとく	1~2世紀		前510-前477	34	44	77	前553-前477
5	孝昭	こうしょう	2世紀		前475-前393	83	32	114	前506-前393
6	孝安	こうあん	2世紀		前392-前291	102	36	137	前427-前291
7	孝霊	こうれい	2世紀		前290-前215	76	53	128	前342-前215
8	孝元	こうげん	3世紀前		前214-前158	57	60	116	前272-前158
9	開化	かいか	3世紀前		前158-前98	60	51	111	前208-前98
10	崇神	すじん	3世紀中	210	前97-前30	68	52	119	前148-前30
11	垂仁	すいにん	3世紀後	235	前29-後70	99	41	139	前69-後70
12	景行	けいこう	300頃	260	71-130	60	84	143	前13-後130
13	成務	せいむ	4世紀前	265	131-190	60	48	107	84-190
14	仲哀	ちゅうあい	4世紀中	310	192-200	9	?	?	?-200
	神功	じんぐう	346		201-269	69			170-269
15	応神	おうじん	380頃	346	270-310	41	71	111	200-310
16	仁徳	にんとく	400頃	370	313-399	87	57	143	257-399
17	履中	りちゅう	430年代	395	400-405	6	?	?	?-405
18	反正	はんぜい	430年代	400	406-410	4	?	?	?-410
19	允恭	いんぎょう	440頃	405	412-453	42	?	?	?-453
20	安康	あんこう	460頃	430	453-456	3	53	56	401-456
21	雄略	ゆうりゃく	460年代	435	456-479	23	39	62	418-479
22	清寧	せいねい	490年頃	455	480-484	5	37	41	444-484
23	顕宗	けんぞう	490年代	450	485-487	3	36	38	450-487
24	仁賢	にんけん	490年代	455	488-498	11	40	50	449-498
25	武烈	ぶれつ	500年頃	475	498-507	8	10	18	489-507
26	継体	けいたい	507	460	507-531	25	58	82	450-531

とえば、応神天皇が30歳のときに生まれた子供で60歳まで生きたということで、履中天皇なら親と子の年齢差が平均20年余りで履中天皇の死んだときの年齢は40歳ということになり、どちらにしても不自然ではありません。

さらに、ここから崇神天皇やヤマトタケルの活躍の年代を逆算していくと、どうなるかですが、応神天皇と仲哀天皇の年齢差は、30歳以上は離れていると見るべきです。応神天皇が生まれる前に死んでいますし、半島から凱旋《がいせん》してきた神功皇太后が畿内に戻ってきたときに、近江《おうみ》の穴太高穴穂宮《あのうたかあなほのみや》にあって抵抗したという麛坂《かごさかの》皇子《みこ》、忍熊《おしくまの》皇子《みこ》という異母兄《いぼけい》がいたからです。

仲哀天皇は景行《けいこう》天皇の子であるヤマトタケルの子ですが、ヤマトタケルが比較的若くして死んだらしいことを考えると、年齢差は比較的小さいと見るべきでしょう。ヤマトタケルも、子の仲哀天皇に先立って弟の成務《せいむ》天皇が即位していることなどから考えて、父・景行天皇の比較的若いころの子供のようです。

こうしたことをまとめていくと、景行天皇の全盛期で、ヤマトタケルが活躍して大和朝廷の勢力が九州の一部や関東にまで広がり始めたのは、4世紀初頭だということになり、さらに、その景行天皇の祖父にあたる崇神天皇の全盛期は3世紀の中頃ということになります。

少々、強引に誕生年を推定してみましょう。仲哀天皇と応神天皇の差は少し大きくとって36歳にして、あとは、25歳のときの子供だとしますと、仲哀天皇は310年、ヤマトタケルが285年、景行天皇が260年、垂仁《すいにん》天皇が235年、崇神天皇が210年です。

そこから大和朝廷の統一過程を推定すれば、大和統一が240年、吉備《きび》や出雲を支配下に置いたのが260年、ヤマトタケルの活躍が310年前後、仲哀天皇の筑紫《ちくし》進出と列島統一、応神天皇の誕生が340年代ということになります。

卑弥呼が九州にいたころ大和では纏向王国の全盛期

それでは『魏志倭人伝』や『梁書《りょうじょ》』を参考に、華北を支配した魏帝国の立場から卑弥呼の生涯をまとめるとこんなふうになります。光和《こうわ》年間（178～184年）に卑弥呼が女王となり239年に初めて使節を魏に再派遣して、親魏倭王《しんぎわおう》の金印と銅鏡《どうきょう》100枚を与えました。240年には帯方郡《たいほうぐん》から使者が倭国を訪れ、詔書《しょうしょ》、印綬《いんじゅ》を拝受させ、243年に卑弥呼は使節を魏に派遣しました。

さらに、247年に帯方郡に使節を送り「狗奴国との戦いで困っているので救援を」と要請した卑弥呼に、直接的な派兵や武器援助はせず、詔書や黄旗だけ与えましたが、248年ごろに卑弥呼は死んだようです。

そのあとには男の王が立ちましたが、国は収まらず、卑弥呼の宗女《そうじょ》「壹與《いよ》」を13歳で王に立てると収まりました。265年に倭から使いが来ましたが、それっきりで消息が途絶えました。

これだと卑弥呼が10歳くらいの娘を残して死んだわけですから、実子であるとすれば、仮にそのとき40歳だったとしても、『梁書』で180年前後に即位したというのと、そもそも、つじつまは合いません。卑弥呼の即位年か壹與の年齢が誤っているか、壹與が卑弥呼の実子でなく養女のようなものということかの、いずれかとするしかありません。

どちらにせよ、壹與が女王だった時期が崇神天皇の在世中あたりだったということはかなりの確率で間違いありません。

それでは、『日本書紀』から割り出した大和朝廷の歩みと、卑弥呼の生涯はどう整合するのでしょうか？

もし、邪馬台国が北九州、あるいは、出雲、吉備以西にあれば簡単です。西暦340年代に大和朝廷の勢力が筑紫地方に伸びたころから1世紀ほど前に卑弥呼は死んでおり、邪馬台国も最後に中国へ使いを送った265年からさほど経たないころに滅亡していたということです。

これなら、仲哀天皇が筑紫にやって来たときより70〜80年前に邪馬台国は滅びていたのですから、仲哀天皇や神功皇后周辺で話題にならなかったのは当然です。それですべては説明がつくのですから、それ以上の議論をやる意味があるのかそもそも疑問ですが、畿内説はほかにも矛盾だらけです。

いわゆる邪馬台国畿内説といっても、①卑弥呼が天皇家の誰かだ、②天皇家の王国が葛城《かつらぎ》地方にあって邪馬台国は同時並行で纒向にあった、③邪馬台国は近畿地方のうち大和以外にあった、という3つの可能性があります。

①ならすでに崇神天皇の世代前に天皇家は北九州まで掌握《しょうあく》していたことになりますが、そのとおりに正史に書けばいいだけのことで、なぜ、4世代後の仲哀天皇まで全国統一を遅くしたのか説明がつきません。

あるいは、天皇家がこのときには北九州の王者で、その後に大和を征服したのだという「邪馬台国東遷説《とうせん》」を唱える人もいますが、これも、そのとおりを正史にすればよかっただけで、それより十数世代前に日向《ひゅうが》から移って大和に小王国を建て、数世紀後に筑紫地方を勢力圏に入れた、などという建国物語に入れ替えた動機はなんなのでしょうか。まったく奇妙な話です。

②はそれよりも可能性がありそうに思えますが、当時の天皇家の支配地域である葛城地方と纒向地方は、わずか数キロの距離であって、纒向王国が邪馬台国で天皇家が狗奴国というようなことならば、数千キロも先の洛陽に助けを求める意味はなさそうです。むしろ、纒向王国の「友好勢力」として天皇家の葛城王国があったという方が現実性がありますが、すでに纒向王国が九州まで勢力を伸ばし中国にまで使いを送っていたのなら、何らかの記憶が大和朝廷に引き継がれていたはずです。

それに比べれば、③のほうがまだしも可能性があります。たとえば、山城《やましろ》、近江、丹波《たんば》、河内《かわち》あたりに邪馬台国があったということですが、その場合でも、近隣の大和すら押さえられずに九州は押さえていたとか、中国と盛んに交流していたというのはまったく奇異です。

となると、やはり邪馬台国は、北九州かその周辺、せいぜい、吉備や出雲あたりまでにあった王国で、その時点では、大和の政権とはあまり濃密なつきあいがなかった国だと見るべきです。

『魏志倭人伝』を読む限り、筑後地方と見るのが素直な読み方

政治史の立場からは、邪馬台国が畿内であることはほとんど考えられないと、ここまで書きました。しかし、それなら、『魏志倭人伝』はどう読むべきなのでしょうか。『魏志倭人伝』に書いてある帯方郡（当時は魏帝国の一部だったソウル付近の地名）から邪馬台国までの道のりをたどってみましょう。

「ソウル付近にあったとみられる帯方郡から倭国へ行くには、まず、海岸にそって航海し、狗邪韓国《くやかんこく》（のちに任那《みまな》の中心になった釜山《プサン》西方の金官国《きんかんこく》か）に着く。その全行程は7000里《り》余りである。

海を渡り1000里余りで対馬《つしま》国、さらに、南に海を渡って1000里余りで一大国（壱岐《いき》）に着く。また海を1000里余り渡ると末盧《まつら》国（佐賀県唐津《からつ》市を含む旧松浦郡）に着く。陸路を東南に500里行くと、伊都《いと》国（福岡市の西にある

糸島市付近）に着く。帯方郡の使者が行き来するときには必ずここに駐まる。東南に向かい、１００里で奴国《な》（福岡市付近）に着く。東に１００里行くと不弥国《ふみ》（不明）に着く。

南に水路で20日行くと投馬国《とうま》に着く。南に向かって水路10日陸路１ヵ月で邪馬台国に着く。邪馬台国の境界の南に、狗奴国《こ》があって、男が王で家臣に狗古智卑狗《くこちひこ》がいる。帯方郡から女王国にいたるまで１万２０００里余りある。

帯方郡から邪馬台国までの方向、距離から推定すると邪馬台国の位置は、浙江《せっこう》省の会稽《かいけい》などのほぼ真東に当たる。邪馬台国の東の方向、海を渡ること１０００里余りにはまた国があって倭人が住んでいる。邪馬台国の南方４０００里には朱儒《しゅじゅ》国などが、さらにその東南には裸国《ら》や黒歯国《こくし》もあるようだが１年もの船旅が必要だ」

ここで、１里というのは１００メートルほどのようです。しかし、なぜか不弥国から先は日数単位になります。また、途中の国についての観察がほとんどなくなります。『魏志倭人伝』が成立するまでに記録が逸失《いっしつ》した可能性もありますが、使節はこれより先には実際に自分では行かなかった可能性の方が大きそうです。

行かなかった理由は、女王は誰とも会わないから来てもらっても謁見はできないとか、海が荒れているとか言われてあきらめたのではないでしょうか。

いずれにしろ、南に不弥国から投馬国まで水路20日、そこからさらに邪馬台国まで水路10日陸路1ヵ月も行けば、沖縄のあたりまで行きそうです。一方、不弥国から南でなく東だと解釈すると、畿内やもっと遠い地域に見えます。

しかし、ここが大事なのですが帯方郡から邪馬台国は1万2000里と書いています。しばしば、方角は北九州から南と書いてあるが、距離でいうと畿内になるといわれますが、距離についても帯方郡から1万2000里というトータルの数字が書いてあるわけで、こちらの方を個別の数字の足し算より重視すべきなのです。それだと不弥国から邪馬台国は1300里、つまり100キロ余りで九州のなかに収まり、直線距離でも500キロ以上ある畿内は大きく外れます。

どうして、水路と陸路それぞれ1ヵ月ずつがたった100キロ余りになるのか分かりませんが、魏の使節ないしは『魏志倭人伝』の編者が、邪馬台国は不弥国からその程度の範囲内にあるという認識を持っていたと見るのが妥当でしょう。

さらに、浙江省と同じ緯度《いど》（種子島《たねがしま》と奄美《あまみ》の中間あたり）にあるとしていますが、これは浙江省の位置を正確に認識していなかったのではないでしょうか。

狗奴国については、家臣の名としてある狗古智卑狗《くこちひこ》というのが、菊池《きくち》（久々知《くくち》）にいかにも通じそうなので、熊本県（菊池郡）と結びつけることは可能ですが、断定するような材料ではありません。

結論としては、帯方郡から1万2000里、つまり、不弥国から1300里とその場所を認識しているのですから、九州中部と見るのがもっとも自然でしょう。具体的には筑後《ちくご》、ついで宇佐《うさ》など豊前《ぶぜん》が有力だと思います。

のちに斉明《さいめい》天皇が百済救援のための兵を挙げて九州にやって来たとき宮を置いたのは旧朝倉《あさくら》郡の朝倉 橘 広庭宮《たちばなのひろにわのみや》（朝倉市、具体的な場所は不明）ですが、このあたりが、福岡市付近を含む筑紫地方全体ににらみがきく後方基地として適した場所という感覚を古代人が持っていたことに注目すべきです。隣には柳川《やながわ》市などを含む山門郡がありますし、狗奴国を熊本県の菊池地方と見ることも可能です。

そのほか、大分県や熊本県でもおかしくないと思います。あるいは、南にという方角と合いませんが、周防《すおう》・長門《ながと》地方とか、少し遠すぎますが吉備地方、出雲地方あたりまでなら、記紀など大和朝廷の記憶になくても不自然ではないので私にとって許容範囲です。

　これから、もし、発掘で卑弥呼の墓にふさわしい大きな古墳でも出てくれば有力地として浮上するでしょうが、卑弥呼の墓の規模は伝聞ですから、決定打にはなりません。たとえ、金印が出ても、誰かが引き継いで別の土地に移してから埋められたかもしれませんから、結局は決め手になりません。

　邪馬台国九州説の人は、畿内説を否定するところまでは論理的なのですが、神武東征《じんむとうせい》伝説という中世の都市伝説に影響されて、邪馬台国がそのあと畿内に移ったというおまけがつくことが多いのは困りものです。

　記紀には畿内の大和朝廷が九州を征服したと書いているのであって、九州国家が畿内を征服したとは、まったく何も書いていません。繰り返しますが、記紀に書いてあるのは、筑紫ではなく日向を少人数で出発した神武天皇が、大和盆地のごく一部を領地とするミニ国家を建てたということだけなのです。

　邪馬台国は３世紀の後半には滅びて、日本国家にはその記憶も血統《けっとう》も引き継がれていません。しかし、九州の人がそれをがっかりする必要はありません。その１世紀後に大和朝廷が筑紫諸国を傘下《さんか》におさめたことで、筑紫地方が持っていた朝鮮半島との関わりは、大和朝廷の軍事力を背景に大きく拡大しました。

そのことを背景に、筑紫は統一日本国家にとって畿内に次ぐ重要拠点となります。それは大陸経営が終わったあとも大宰府《だざいふ》という形で引き継がれ、日本の副首都のような機能を長く果たしたことを九州の人は誇るべきです。

そして最後に付け加えたいことは、『魏志倭人伝』からみる限り、朝鮮半島南部は日本に比べてかなり遅れていた地域だったらしいことがうかがえることです。これは、金印をもらった奴国の時代でも同じですが、「その風俗は淫《みだ》らならず」とされた列島のほうが、「ただ囚徒《しゅうと》・奴碑《ぬひ》の相聚《あいあつ》まれるがごとし」と評された半島南部より豊かで民度も高く政治的な統合も進んでいたことが明らかです。

もちろん、この評価が正当だったかどうかは分かりませんが、文明が半島から列島に一方的に伝えられたというのではないことは分かります。

第4章 大和朝廷と統一国家

Q.『日本書紀』は信頼できる歴史書か？

A.大和朝廷の統一過程と系図はすべて真実

古代の天皇を教科書に載せることを文部科学省が禁じている

１９８０年代に中国や韓国から日本史の教科書について苦情があり、文部科学省は教科用図書検定基準《きょうかようとしょけんていきじゅん》に「近隣のアジア諸国との間の近現代の歴史的事象の扱いに国際理解と国際協調の見地から必要な配慮がされていること」という「近隣諸国条項《きんりんしょこくじょうこう》」を加えました。

この条項は近現代史についてのものですが、現実に使われている教科書では、古代史、中世史、近世史もどこの国の教科書かという惨状《さんじょう》になっています。

なにしろ、保守的すぎると中韓や日本国内の一部勢力から批判されている扶桑社の教科書にすら、神武《じんむ》天皇、崇神《すじん》天皇、応神《おうじん》天皇などは登場せず、仁徳《にんとく》天皇は「大仙《だいせん》古墳を仁徳天皇陵《りょう》ともいう」とされているだけですし、雄略《ゆうりゃく》天皇の名は紹介されず倭王武《ぶ》の名で中国の史書の登場人物として出てくるだけです。

それでも扶桑社の教科書では、奈良時代のページで『日本書紀』や『古事記』に書かれた日本神話の内容紹介としてだけ神武天皇が辛《かろ》うじて登場するのですが、崇神天皇らによる日本統一の過程はまったく紹介もされず、４世紀あたりに大和朝廷が強力になったらしいといった程度のことだけが書かれています。

つまり、文部科学省が、歴史として古代の天皇たちを書いてはいけないと決めているわけです。記紀《きき》に書かれている内容は、まったく、無価値であるという立場に沿って書くことを強制されているのです。

天皇の諡号《しごう》にしても初登場は推古《すいこ》天皇です。後世になってつけられた諡号は排除するということなら、持統《じとう》天皇以前はすべてそうだと普通には考えられていますから推古天皇や天智《てんじ》天皇の名も使うべきでないはずですが、そうでないことを見ると、名前の問題ではなく、事跡《じせき》について疑わしく紹介してはならないという立場のようです。

しかし、神武天皇から始まる歴代天皇の事跡についての記紀の記述は、水増しされた年代以外は何の不自然な点もないものなのです。中国の教科書には三皇五《さんこうご》帝《てい》から紹介されていますし、韓国や北朝鮮の教科書は荒唐無稽《こうとうむけい》な檀君《だんくん》朝鮮から始まっています。それらとのバランスを考えてもおかしな話です。

神武天皇は松平親氏、崇神天皇は徳川家康

神武天皇は始馭天下之天皇、崇神天皇は御肇國天皇と『日本書紀』で称《しょう》されていて、読み方はどちらも「はつくにしらすすめらみこと」です。これをおかしいから同一人物だと言い張る人もいます。

しかし、老舗《しにせ》で小さい店を初めて開いた先祖と、合併などして大企業に発展させた中興《ちゅうこう》の祖を両方とも創業者と言っているようなもので、何もおかしくありません。徳川家でいえば、群馬県出身の僧侶が三河《みかわ》の土豪《どごう》の入り婿《むこ》になった松《まつ》平《だいら》親氏《ちかうじ》が神武天皇であり、徳川家康に当たるのが崇神天皇なのです。

すでに欠史八代《けっしはちだい》について書いたように、崇神天皇の父親である開化《かいか》天皇までは、活動範囲は大和盆地の南西部に限られていました。その当時、大和でいちばん栄えていた纒向《まきむく》遺跡など三輪山《みわやま》の麓《ふもと》は活動範囲に入っていなかったのです。

ところが、崇神天皇の治世になると、三輪地方に本拠を移し、この地域の神々についての祭祀を掌握して大和を統一し、そののち、吉備《きび》や出雲《いずも》あたりまで勢力圏としたのですが、その経過は『日本書紀』によれば次のとおりです。

①三輪山西麓《せいろく》の瑞籬宮《みずかきのみや》に遷都。
②疫病が流行り多数の死者が出たので、宮中に祀《まつ》られていた天照大神《あまてらすおおみかみ》と倭大国魂神《やまとのおおくにたまのかみ》（日本大国魂神）を皇居《こうきょ》の外に移した。
③天照大神はとりあえず笠縫邑《かさぬいむら》（現在の檜原《ひばら》神社）に祀られたのち転々とし、垂仁《すいにん》天皇のときに伊勢に落ち着く。倭大国魂神は大和《おおやまと》神社に祀らせた。
④大物主神《おおものぬしのかみ》が倭迹迹日百襲姫命《やまとととひももそひめのみこと》に乗り移り託宣《たくせん》したので、大物主神の血を引く大田田根子《おおたたねこ》を神主として大神《おおみわ》神社（神体は三輪山）を創ったら疫病は終息した。
⑤倭迹迹日百襲姫命の予言で山城《やましろ》の武埴安彦命《たけはにやすひこのみこと》の謀反《むほん》を察し、これを滅ぼす。
⑥大彦命《おおひこのみこと》を北陸道に、武渟川別命《たけぬなかわわけのみこと》を東海道に、吉備津彦命《きびつひこのみこと》を西道に、丹波道主命《たんばのみちぬしのみこと》を丹波（山陰道）に四道《しどう》将軍として遣《つか》わした。
⑦戸口《ここう》を調査して課役《かえき》を科《か》し、天下は平穏となり御肇国天皇と褒め称《たた》えられた。
⑧活目尊《いくめのみこと》を後継と決め（垂仁天皇）、豊城命《とよきのみこと》には東国を治めさせた。
⑨出雲の飯入根《いいいりね》が神宝《しんぽう》を献上したら、筑紫《ちくし》との連合を主張する兄の出雲振根《ふるね》に謀殺されたので、これを誅殺《ちゅうさつ》した。

⑩半島から任那《みまな》国が朝貢してきた。

この崇神天皇が勢力圏とした範囲は、だいたい、織田信長が本能寺《ほんのうじ》の変までに切り従えた範囲とよく似たもので、そこへ至る経過も現実的で信頼性が高いものです。なんでこれが疑わしいのか私には理解できません。

なお、ここに出てくる倭迹迹日百襲姫命は崇神天皇の大叔母《おおおば》で、箸墓《はしはか》古墳の被《ひ》葬《そう》者です。そこから、彼女が卑弥呼だとか、『魏志倭人伝』でその弟王とされている人物が崇神天皇とか言う人がいますが、それなら、邪馬台国の輝《かが》かしい全国平定や中国との交流を『日本書紀』や『古事記』に書くはずで、動機がまったく説明できませんので、ありえません。

ヤマトタケルの時代

神武天皇による小国家創立から［9代］開化天皇まで大和盆地の片隅の小領主だった天皇家は、崇神天皇に至り、大和でもっとも繁栄していた纒向地方を支配下に置き大和を統一しました。さらに、余勢《よせい》を駆って吉備、出雲、関東の一部まで大和朝廷の権威を認めるまでになり、これをもって日本国家の原型が完成したと言ってもよいと思います。

そののち、崇神天皇の玄孫《やしやご》である仲哀《ちゆうあい》天皇の時代になって、大陸との窓口だった筑紫地方が大和朝廷に服従したことで日本統一が完成するのですが、その間に、垂仁、景行《けいこう》、成務《せいむ》の３代の天皇の治世がありました。

とくに景行天皇の時代には、その子であるヤマトタケル（日本武尊）の活躍で列島の統一はその範囲の大きさだけでなく質的にも深化《しんか》しました。ただ、ヤマトタケル自身は、近江と美濃《みの》の国境にある伊吹山《いぶきやま》の神の怒りにふれて落命し、天皇として即位することはありませんでした。

景行天皇の帝位は、ヤマトタケルの弟である成務天皇に引き継がれましたが、その次には、ヤマトタケルの忘れ形見《がたみ》である仲哀天皇が即位しています。

ヤマトタケルには、聖徳太子《しようとくたいし》の場合と同様に架空説があります。たしかに、さまざまな人の業績を特定の人気者の功績《こうせき》に集めてしまう傾向は現代でもありますから、そういうことはあると思います。大活躍したが若くして死んでしまった英雄に同情が集まるのは自然なことです。

しかし、だからといってその人物が架空だったことにはなりません。坂本龍《りょう》馬《ま》は過大評価されていますが、架空の存在でないのと同じです。

誰がどのように活躍したかより、この3代の天皇の時代に列島統一がどう進んだのかが重要なわけですから、とりあえず「ヤマトタケルの時代」とひとまとめに見て、その経過を『日本書紀』にそって眺めてみましょう。

①崇神天皇のあとを継いだ垂仁天皇は、纏向に遷都しました。纏向といえば、「邪馬台国の首都」などと言われるところです。

②皇后の兄が叛乱《はんらん》を起こし、皇后は兄に従い焼死《しょうし》しましたが、死ぬときに姪《めい》である丹波道主命（四道将軍の1人）の姫を皇后とすることを進言しました。

③後妻《ごさい》の日葉酢媛命《ひばすひめのみこと》が死んだとき、野見宿禰《のみのすくね》の進言に従い、殉死《じゅんし》に替えて埴輪《はにわ》を埋めました。野見宿禰は、相撲《すもう》の祖としても知られ、子孫は土師《はじ》氏を名乗り、菅原《すがわら》氏や大江《おおえ》氏の先祖です。戦国大名《だいみょう》の前田氏が菅原氏、毛利氏が大江氏です。

④景行天皇の最初の皇后は吉備氏一族の播磨稲日大郎姫《はりまのいなびのおおいらつめ》（ヤマトタケルの母）で、のちに美濃に行幸《ぎょうこう》し八坂入媛命《やさかいりびめのみこと》（成務天皇の母）を皇后にしました。

日本国家の成立

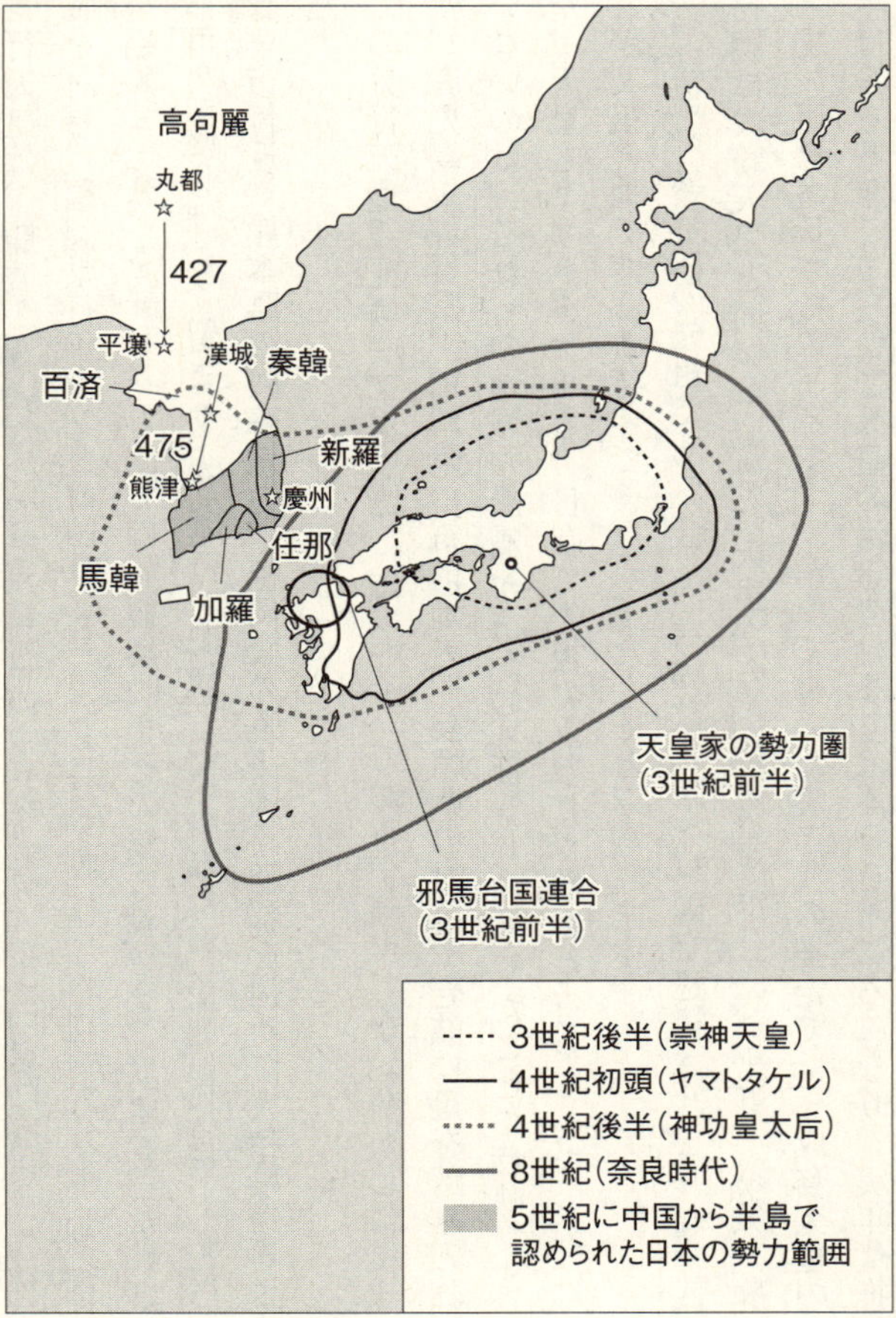
高句麗
丸都
427
平壌
漢城
秦韓
百済
475
新羅
熊津
慶州
任那
馬韓
加羅
天皇家の勢力圏
(3世紀前半)
邪馬台国連合
(3世紀前半)
3世紀後半(崇神天皇)
4世紀初頭(ヤマトタケル)
4世紀後半(神功皇太后)
8世紀(奈良時代)
5世紀に中国から半島で
認められた日本の勢力範囲

⑤景行天皇は、熊襲《くまそ》が背《そむ》いたので天皇自ら西下《さいか》しました。山口県防府《ほうふ》市（周防《すおう》）で賊を討ち、福岡県行橋《ゆくはし》市（豊前《ぶぜん》国京都《みやこ》郡）に行宮《あんぐう》を設け、大分県大分市（豊後《ぶんご》）で土蜘蛛《つちぐも》（土豪《どごう》）を誅《ちゅう》し、日向《ひゅうが》では熊襲梟帥《たける》をその娘に殺させ、高屋宮《たかやのみや》（宮崎県西都《さいと》市か）にしばらく留まり、熊本県（肥後《ひご》）の球磨《くま》郡や葦北《あしきた》郡、長崎県（肥前《ひぜん》）の諫早《いさはや》市付近、熊本県の阿蘇《あそ》地方、福岡県の筑後《ちくご》国浮羽《うきは》郡を巡って大和に帰りました。

この景行天皇親征《しんせい》は、『古事記』には記されておらず確実でないかもしれませんが、鹿児島・佐賀県、福岡県の筑前《ちくぜん》地方、長崎県の対馬や壱岐《いき》に足を踏み入れていないのは、これらの地域の帰順《きじゅん》がほかの地域より遅かったことの反映です。また、天皇もヤマトタケルも、日向で先祖の墓参りや顕彰《けんしょう》を行っていないのは、どこが父祖の地であるか特定できなかったためとみられます。

⑥葛城《かつらぎ》氏や蘇我《そが》氏の先祖である武内宿禰《たけしうちのすくね》に北陸や東国を巡視させました。武内宿禰は成務天皇と同い年で景行天皇から仁徳天皇まで仕《つか》え、平群《へぐり》・葛城・蘇我・紀《き》・巨勢《こせ》各氏がその子孫です。前章で書いた実年代の推定では、成務天皇の誕生は265年ごろ、仁徳天皇の治世の始まりは400年ごろになり、実年代推

定が少々違っていたとしても不自然で、親子２人の事跡が混同されるなどの可能性があります。
⑦熊襲が再叛したので、皇子のヤマトタケルが女装して川上梟帥《かわかみのたける》を謀殺しました。尾張《おわり》から援軍を得ており、大和朝廷の動員体制が広汎《こうはん》になりました。
⑧蝦夷《えぞ》征討を命じられたヤマトタケルは、伊勢神宮に立ち寄ったあと、尾張を経て東海道を下り、相模《さがみ》から上総《かずさ》、陸奥《むつ》、常陸《ひたち》、甲斐《かい》、武蔵《むさし》、上野《こうずけ》と巡り、碓氷《うすい》峠《とうげ》から信濃《しなの》に入り、部下を越後《えちご》に派遣しました。関東の最先進地域の群馬県で抵抗を受けたと書いていませんので、早くから大和朝廷と友好関係だったと推測されます。そして、滋賀県の伊吹山の神に祟《たた》られて病に倒れ、三重県の亀山《かめやま》市付近で死にました。
「倭《やまと》は 国《くに》のまほろば たたなづく 青垣《あおがき》 山隠《やまごも》れる 倭《やまと》しうるはし」は、ヤマトタケルがふるさとをしのんで詠《よ》んだ歌です。また、ヤマトタケルを追慕《ついぼ》して景行天皇は東国巡幸《じゅんこう》を行いました。
⑨景行天皇は、近江の穴太高穴穂宮《あのうたかあなほのみや》に移り崩御しました。高穴穂宮は、大津京《おおつきょう》跡の少し北にありましたが、その信憑性《しんぴょう》などについては、第11章で論じます。

⑩成務天皇は、国や郡《こおり》・県《あがた》を定め、邑《むら》を置きました。また、国造《くにのみやつこ》、稲置《いなぎ》などを任命しました。

つまり、『日本書紀』からは、垂仁、景行、成務の3代の天皇が治めた数十年のうちに、東国の支配が固められ、吉備氏が友好勢力として台頭し、日向の土豪たちの要請で熊襲と戦い、押さえ込んだということが窺《うかが》えます。しかし、あいかわらず、大陸への窓口である筑紫には進出できていません。

それでも、崇神天皇のときに任那から使いが来たとか、垂仁天皇のときに新羅王子の天日槍《あめのひぼこ》が神宝を奉《ほう》じて来たとか、任那への贈り物が途中で新羅によって強奪されたといった記事が見られるように、出雲など日本海を通じて筑紫経由ではない半島との交流が少しずつ生まれていました。

また、ヤマトタケルは蝦夷を捕虜《ほりょ》として連れ帰りましたが、彼らは容易に同化せず、伊勢や大和でも治安を乱すことが多かったので、一部を四国や中国地方に移住させました。これ以降も、蝦夷、隼人《はやと》、帰化人などを支配下に置いたとき、大和朝廷は全国に広く分散させることによって巨大な反乱勢力となることを未然に防止しています。彼らにとって辛かったでしょうが、国家の統一を維持するためには賢明な処置でした。

以上、国内外いずれの記述も、リアリティが高く説得力の高いもので、なんでこれらを嘘だと言いたがる人がいるのか理解できません。

大正時代まで神功皇太后は天皇だった

神功皇太后は間違いなく女帝《じょてい》でした。『日本書紀』でも天皇と見なされていますし、中国の『新唐書《しんとうじょ》』でも「仲哀天皇が死んで、開化天皇の曾孫《ひまご》である神功が王となった」とあります。天皇扱いされなくなるのは、1926年の詔書《しょうしょ》によるものです。中国でも則天武后《そくてんぶこう》が正々堂々たる女帝で、周《しゅう》という王朝まで建てたのに歴代皇帝から省《はぶ》かれるのと同じく儒教《じゅきょう》の男尊女卑の仕業です。

また、朝鮮半島に出征したのが嫌われて、GHQの指導の下でその名まで教科書から削除されたままです。神功皇太后は日本の正史である『日本書紀』で史上最大級の重要人物とされているのに、なんと、男尊女卑の保守主義者と左派系の歴史学者の奇妙な共闘で理由もなく架空の人物扱いされてしまっているのです。

神功皇后は開化天皇の子・彦坐王《ひこいますのおう》の玄孫です。ヤマトタケルの子で叔父の成務天皇のあと皇位についた仲哀天皇の皇后となりました。天皇は『古事記』に、「若帯日子天皇《わかたらしひこのすめらみこと》、近《ちか》つ淡海《あうみ》の志賀《しが》の高穴穂宮に坐《ざ》しまして、天《あめ》の下《した》治《し》らしめしき」とあるように、大津市の高穴穂宮にありましたが、敦賀《つるが》（角鹿《つぬが》）に行宮を建て、そこに皇后を残して紀伊《きい》方面を巡幸しました。その途中、熊襲が反乱を起こしたというので、長門豊浦宮《とゆらのみや》へ向かったのです。

敦賀にあった神功皇后は日本海まわりで軍勢を率いて天皇に合流しました。そして、筑紫香椎宮《かしいのみや》（福岡市東区）に移りましたが、このとき、『魏志倭人伝』でお馴染みの伊都《いと》国王が三種の神器のようなものをもって服属を誓いました。

すでに書いたように、熊襲の地と筑紫を除いて西日本は大和朝廷の影響下に入っていましたが、筑紫地方もここに至って服属したわけです。両勢力の大戦争はなかったようです。北九州にあった邪馬台国が滅亡したあと小国に分裂していた九州が、熊襲の圧力からの防衛や大陸で勢力を広げるために、軍事大国だった大和の宗主《そうしゅ》権を認めて後ろ盾にしたわけです。

貧しい熊襲を攻めるより、大陸の新羅の方が豊かだから、そちらを討つべしと

「神が神功皇后に告げた」といいますが、プロモーターは筑紫諸国でしょう。皇后はこの話に乗りますが、天皇は高い所へ上っても島影も見えないと拒否し、熊襲の攻撃に向かいましたが苦戦のなかで異変が起きます。天皇は琴《こと》を弾いていたのですが、灯《あか》りが突然に消えて暗くなり、再び灯りが点《とも》ったときには事切《ことき》れていました。暗殺の可能性も強く感じられます。

仲哀天皇の死を受けて、皇太后が指揮し、熊襲を平定し、ついで大陸遠征に乗り出しました。肥前の松浦《まつうら》（佐賀・長崎両県の北部。唐津から平戸《ひらど》までを占める郡）から半島に渡り、戦わずに新羅を降伏させ、高麗《こうらい》や百済も自然と従うこととなりました。これ以後、これらの国は日本に朝貢するようになって、それは起伏はありますが、３世紀にわたって継続しました。

そして、皇太后は仲哀天皇の死後になって生まれた子（のちの応神天皇）を連れて畿内へ凱旋《がいせん》しました。仲哀天皇が別の妃《きさき》に産ませた忍熊皇子《おしくまのみこ》などの王子たちが抵抗し戦いましたが、皇太后の軍勢が勝ちました。

河内《かわち》や紀州の軍勢の助勢を得た皇太后は、都を大和に戻しました。壬申《じんしん》の乱に似た経緯ですが、壬申の乱の大海人皇子《おおあまのみこ》は東国から近江を攻めているのに対して神功皇太后は西から攻めていますし、状況はだいぶ違います。記紀にはいろいろ地名が書いてあり、かなりの量の伝承が残っていたと思われます。

それに、すでに説明したように、記紀に採用された伝承が整理されたと見られる推古朝とは、2世紀あまりの時間差です。しかも、推古天皇にとって父親に当たる欽明《きんめい》天皇のときに半島の大事な領土を失い、その回復が最大の政治問題だったわけですから、2世紀前にその領土を得た経緯というのは、簡単に忘れるようなものではなかったはずです。それを、嘘だというのは馬鹿げています。

そして、神功皇太后、というよりは神功女帝は、70年もこの国を治めたと『日本書紀』にはあります。この数字は水増しされたもので、実際には20年とか30年くらいだったと思いますが、このころは譲位《じょうい》の制度はありませんでしたので、女帝たる皇太后の生前には応神天皇の即位はなかったのです。そして神功女帝は長生きしたので、応神天皇の在位は短かったようです。

しばしば、応神朝《ちょう》といわれますが、『日本書紀』の記述から見れば、日本統一をなしとげた大王はその母である神功皇太后です。その実在すら疑うなら、誰にも会わなかった卑弥呼なんぞ論じる価値もないでしょう。

継体即位時に応神天皇の子孫であることは条件でなかった

応神天皇は、日本史上でも特別な大王とみなされています。しかし、『日本書紀』をいくら読んでも、応神天皇が特別に偉大な帝王だったとはみえません。それではどうして人気が出たかというと、応神天皇は、奈良時代以降に八幡神《はちまんじん》と融合したからだと思います。

さて、応神天皇については、仲哀天皇の死や、応神天皇の生誕について不自然さがあることから、新王朝ではないかと言い、「騎馬《きば》民族説」などというものも戦後に流行ったことがあります。

もちろん、仲哀天皇は暗殺されたのかもしれません。あるいは、天皇の死後に生まれた応神天皇が本当は誰の子かと想像を膨《ふく》らませることは可能ではありますが、そんなことはすべての王者にありがちなことです。大事なことは、応神天皇が仲哀天皇やその先祖の正統な継承者だと認められていたかどうかです。

この問いに対する回答は単純です。それは、2世紀ほどのちに武烈《ぶれつ》天皇に子もなく、近親者に適当な皇子もいなかったときに、結果的には応神天皇の5世の孫である継体《けいたい》天皇が即位するのですが、最初に候補とされたのは、仲哀天皇の子孫で丹波にあった倭彦王《やまとひこのおう》だったということです。

この王は大和朝廷からの迎えを、征討軍だと誤解して逐電《ちくでん》したので、継体にお鉢《はち》が回ったのですが、応神天皇の子孫であるかどうかは、皇統《こうとう》を守るうえで何も条件とされていませんでした。応神天皇が新王朝を建てたというならば、天皇の血を引いていない王子にお鉢が回ってくるはずはありません。

また「騎馬民族説」など、東京大学の先生が提唱者でなければ誰も相手にしなかったと思います。畿内勢力としては初めて筑紫を制圧し、大陸にも遠征してきたのですから、十字軍《じゅうじぐん》がレパント（東地中海）の文化を持ち帰ったとか、エジプトから帰ったカエサルが東洋風の君主らしくなったのと同じくらいのエキゾティックなムードを漂《ただよ》わせるのは当然でしょう。

応神天皇は父王まで3代の都だった近江へ巡幸し、妃《め》の1人の出身地であった吉備へも出掛けました。日向の豪族の娘が召されてやって来ましたが、息子の仁徳天皇が一目惚《ぼ》れしたので譲りました。筑紫へ武内宿禰を監察《かんさつ》のため派遣しており、日向が九州における親《しん》大和朝廷派だったのに対して、筑紫の服属は引き続き不安定だったことを窺わせます。

宮内庁が陵墓を発掘させないのに一理あり

堺《さかい》市郊外の百舌鳥《もず》の地には、仁徳天皇、履中《りちゅう》天皇、反正《はんぜい》天皇という3つの巨大古墳があります。とくに仁徳天皇陵は８４０×６５４メートルという広さで、世界最大級です。高さは36メートルですし、地下に大宮殿もないので、ピラミッドや始皇帝陵とは比べられませんが、たしかに立派なものです。

古墳は現在のように樹木が繁茂《はんも》せず、葺《ふ》き石《いし》で覆われていたので、難波《なにわ》京に近づく船から見れば巨大で白く輝いていて国威発揚にも役立ったはずです。

これら3つの大古墳がそれぞれ誰のものかは確定的に言えませんが、少なくとも、『延喜式《えんぎしき》』では最大の大仙古墳は仁徳天皇陵として扱われています。それに対して、考古学者には様式《ようしき》からみて履中天皇陵ではないかと言う人もいます。

歴代天皇の陵墓《りょうぼ》については、中世に不明になっており、江戸時代に比定されなおしましたが、十分な調査が行われたわけでなく、考古学も発達していませんでしたから間違いもかなりあったようです。たとえば、継体天皇陵などは近くの今城塚《いましろづか》古墳が本物だという意見が支配的です。

記紀の記述を頼りに、付近の古墳を時代考証も何もなく当てずっぽうで充《あ》てたものも多くあります。そして、これら墳墓を管理する宮内庁は考古学者による調査を限定的にしか認めていませんから、本格的な発掘もされていません。

そこで、調査を望む声も強いのですが、どうせ考古学者たちが皇室の先祖の御《ご》陵《りょう》として祭祀《さいし》の対象にもしているものを、最低限の敬意さえ払わずに、難癖《なんくせ》をつけて「万世一系《ばんせいいっけい》など嘘だ」という学術的というより功名心や政治的プロパガンダに使うことは分かりきったことです。

その意味で、いまは、本格的な発掘は認めないという宮内庁の方針は正しいと思います。すでに書いたように、文部科学省の指針に沿った教科書ですら、仁徳天皇陵を大仙古墳としか基本的には紹介していません。せめて、仁徳天皇陵と紹介しつつ、「被葬者については中世にあって不明となっていた時期があるので、確実ではない」と注釈を入れる程度にして欲しいものです。発掘などそれからでいいのです。

前方後円墳《ぜんぽうこうえんふん》という形式の古墳は、3世紀から7世紀まで沖縄、秋田、青森、北海道を除く全国と、朝鮮半島の全羅南道《ぜんらなんどう》などで建設された非常に印象的な形の墳墓です。どのように発生したかは、分かりません。

初期の代表例が、卑弥呼の墓かと根拠もなく言う人がいる奈良県纏向遺跡に近い箸墓古墳で、羽曳野《はびきの》市の応神天皇陵やこの百舌鳥の3古墳などで最盛期になり、全国の豪族が、畿内のものを真似《まね》たのでどんどん大型の古墳ができます。天皇陵は6世紀の中頃までで、方墳《ほうふん》に移行しますが、地方では7世紀あたりまで継続します。

仁徳天皇は、難波の宮の高殿《たかどの》に上ってあたりを見渡すと民の竈《かまど》の煙《けむり》が立つのが見えないのを嘆《なげ》き、3年間、課役をやめたという逸話で知られます。しかし、記紀では比較的あっさりした扱いです。有名になったのは、のちに儒教の影響で仁《じん》政《せい》が求められるようになったときに、古代の日本にも徳《とく》の備わった君主がいたと言うために重視されるようになったものでしょう。

仁徳天皇の大きな功績は、大阪の生みの親としてのものですが、それは第11章で紹介します。

雄略天皇は古代の織田信長

『万葉集《まんようしゅう》』の冒頭に「籠《こ》もよ　み籠《こ》持《も》ち　ふくしもよ　みぶくし持ち　この丘《おか》に　菜摘《なつ》ます児《こ》　家聞《いえき》かな」という雄略天皇の御製《ぎょせい》が掲げられています。中国の正史にも、雄略天皇であることが確実な倭王武の上表《じょうひょう》文が紹介されています。

　熊本県江田《えた》船山《ふなやま》古墳の出土品に雄略天皇の本名ワカタケルらしき名があるし、埼玉県稲荷山《いなりやま》古墳出土の「獲加多支鹵《わかたける》大王」の名が刻まれた金錯銘鉄剣《きんさくめいてっけん》により、被葬者が若いころ雄略天皇に仕《つか》えたことが立証されました。

　この雄略天皇は、中世以降は重要視されなくなりますが、古代にあっては大王だと見なされていました。もっとも、当時から必ずしも好感をもって評価されていたのではありません。独善的な暴君《ぼうくん》で多くの人を殺したが、カリスマ性を備えた英雄でもあったと意識されていました。天皇に近習《きんじゅう》として仕えていた隼人たちが自ら殉死したとありますが、征服されたキリスト教徒の子弟《してい》を、スルタンへ忠実に育て上げて集めた、勇猛なイェニチェリ軍団（オスマン・トルコ）を思い起こします。

雄略天皇への評価が記紀においても微妙である理由のひとつは、皇位がのちに雄略天皇に誅された側の系統に移ったからでもあります。

市辺押磐皇子《いちのべのおしはのみこ》は、履中天皇の第１皇子で、母は葛城葦田宿禰《かつらぎのあしだのすくね》の娘黒媛《むすめくろひめ》でした。安康《あんこう》天皇は、押磐皇子に皇位を継承させようとしていたのですが、安康天皇は暗殺されて弟の雄略天皇が跡を継ぎました。

雄略天皇は、押磐皇子を近江の蒲生《がもう》郡日野町鎌掛《かいがけ》付近の蚊屋野《かやの》へと狩《かり》に誘い出して射殺しました。その子の億計《おけ》・弘計《をけ》王はこのとき丹波を経て播磨《はりま》に逃れ、跡継ぎを探していた清寧《せいねい》天皇の御代《みよ》になってから２人の王子は大和に戻りました。

思い切って先に名乗り出た弟の弘計王が即位して顕宗《けんぞう》天皇となり、罪無くして死んだ父を弔《とむら》い、また父の雪辱《せつじょく》を果たすべく殺害に関与したものを処罰し、雄略陵を破壊しようともしましたが、兄の億計王に止められたといいます。

しかし、いかに暴虐《ぼうぎゃく》であろうとも、大王の権威を確立するのに、この雄略天皇が大きく貢献したことは間違いなく、「古代の織田信長」的な存在ということが言えるでしょう。

なにしろ、仁徳天皇のあとの皇位を巡る争いは、葛城氏など有力豪族や吉備氏のような地方豪族も巻き込んで凄惨《せいさん》なものでした。

仁徳天皇のあと、難波に拠《よ》った住吉仲皇子《すみのえのなかつのみこ》と大和へ逃げた弟の太子《たいし》が争い、太子が勝利して履中天皇となり都を大和磐余稚桜宮《いわれわかざくらのみや》（桜井市）に戻しています。大和の伝統勢力の援助を得て帝位についた履中天皇は、蘇我、物部、葛城、平群らを政治に参画させました。

反正天皇の死後には、仁徳天皇の皇子で残っていたのが、のちの允恭《いんぎょう》天皇と、日向髪長媛《ひむかのかみながひめ》（仁徳天皇が一目惚れしてもらい受けた諸県君牛諸井《もろかたのきみうしもろい》の娘）を母とする大草香皇子《おおくさかのみこ》だけでした。允恭天皇は足が悪いので固辞しましたが、母が日向の地方豪族の天皇では収まりが悪いというので、群臣は允恭天皇の即位を願い、最後は、妃の忍坂大中姫《おしさかのおおなかつひめ》が寒風のなか長時間の説得をして即位を決心させました。

その死後は、木梨軽皇子《きなしのかるのみこ》が即位するはずでしたが、同母妹の衣通姫《そとおりひめ》という、平安時代に紀貫之《きのつらゆき》が小野小町《おののこまち》を誉めるのに引き合いに出したので知られる美女との近親相姦を理由に支持が集まらず、安康天皇が即位しました。

安康天皇は帝位を争った大草香皇子の同母妹である草香幡梭皇女《くさかのはたびのひめみこ》を、天皇の弟であるのちの雄略天皇（大泊瀬稚武尊《おおはつせわかたけるのみこと》）と婚約させようとしましたが、天皇の使いが大草香皇子から天皇への贈り物を横領《おうりよう》したうえに、大草香皇子がこの縁《えん》談《だん》を断ったと讒言《ざんげん》したので、安康天皇はこれを信じて叔父を殺しました。

安康天皇は大草香皇子の未亡人である中蒂姫《なかしひめ》を皇后に立てましたが、中蒂姫の連れ子である眉輪王《まよわおう》は天皇が「あの子が、私が父を殺したと知ったときはどうなるか」と心配するのを聞いてしまい、眠っていた天皇を殺してしまいました。

これを聞いた雄略天皇は自分の兄の八釣白彦皇子《やつりのしろひこのみこ》も共犯だとして殺し、別の兄の坂合黒彦皇子《さかあいのくろひこのみこ》と眉輪王が葛城氏の円大臣《つぶらのおおみ》に匿《かくま》われたので、円大臣もいっしょに殺し、これで葛城氏の宗家《そうけ》は滅びて、物部氏や大伴氏、蘇我氏らの時代になります。

雄略天皇の皇子のうち、清寧天皇の母はあの円大臣の娘である葛城韓媛《かつらぎのからひめ》です。星川皇子《ほしかわのみこ》と磐城皇子《いわきのみこ》もいましたが、母は吉備上道臣田狭《きびのかみつみちのおみたさ》の妻で、雄略天皇が美女だと聞いて夫を任那に赴任させ、妻を奪い、恨《うら》んだ田狭は新羅に寝返ったという、いわくつきの女性だったこともあり、清寧天皇が大伴室屋《おおとものむろや》らの支持で帝位に就きました。星川皇子は母の勧めで反乱を起こし、母子兄弟とも皆殺しになります。このとき、吉備氏は援軍に駆けつけましたが、間に合いませんでした。

雄略天皇と清寧天皇が皇族を片端《かたはし》から殺《あや》めたために、清寧天皇のあとは皇統断絶の危機が訪れましたが、先述のように播磨で牛飼いをしていた顕宗天皇が即位しました。顕宗天皇には皇子がなかったので、兄の仁賢《にんけん》天皇が嗣《つ》ぎました。仁賢天皇と、雄略天皇の皇女の子が武烈天皇です。

この武烈天皇には子がなく、悩んだ天皇は暴虐の限りを尽くしたと記紀には書かれています。細かい悪行は定型的な表現が多く信用できませんが、自暴自棄で暴虐を働いたことまで否定する理由はありません。

このようにして、仁徳天皇の男系《だんけい》は断絶し、継体天皇の登場となりますが、それは第6章で扱いましょう。

なお、『日本書紀』には顕宗天皇と仁賢天皇の兄弟が互いに譲り合ったので、姉妹の飯豊青皇女《いいとよあおのひめみこ》が一時政務を執《と》ったとあります。もしかすると、女帝だったのかもしれません。この皇女は、生涯に一度だけ男性と交わり、「これで女になったが変なものだ、もう二度といやだ」と言ったというのでも知られています。

第5章

任那日本府

Q、朝鮮半島を日本は支配していたのか？

A、新羅や任那は中国も承認した日本の勢力圏だった

韓国に都合が悪ければ中国の正史も黙殺

中国南朝から、朝鮮半島南部が日本の支配地域として公認されていたことを認めたがらない人がけっこういます。中国南朝の正史によると、反正《はんぜい》天皇（履中《りちゅう》天皇とも）は、４３８年に「使持節都督《しじせつととく》倭・百済・新羅・任那《みまな》・秦韓《しんかん》・慕韓六国《ぼかんりっこく》諸軍事安東大将軍《しょぐんじあんとうたいしょうぐん》倭国王」と名乗り、その承認を求めました。

そのときは保留されましたが、４５１年に允恭《いんぎょう》天皇は「使持節都督倭・新羅・任那・加羅・秦韓・慕韓六国諸軍事」と百済以外につき支配を承認されました。現実に支配が行き届いていたかは不明ですが、日本の支配を中国南朝が承認していたのは動かしがたい事実です。

朝鮮半島の一部を日本は古代に支配地域としていたということを、むきになって否定する人が韓国だけでなく日本にもいます。韓国の人たちは、史実はどうであろうが民族的誇りを守りたいのでしょうが、日本人の場合は、それを認めると日韓併合などに少しでも正当性を与えないか心配なようです。

最近の日本史教科書では、任那という言葉を使うことが避けられているようです。任那は、弁韓《べんかん》地方の伽耶《かや》諸国のうちの金官国《きんかんこく》の別名ですが、伽耶諸国全体を指す言葉として使うのは、日本をヤマトと呼んだり、ネーデルランドをオランダと呼んだりするのと同じです。任那の名は中国の公文書や好太王碑《こうたいおうひ》にも出てきますし、日本人が1000年以上も使ってきた呼び名を止める必要はありません。

また、日本で統一国家が成立したのちに大陸から移住した人々を帰化《きか》人と長いあいだ呼んできましたが、近年は渡来《とらい》人と呼び換えたがる人がいますが、それでは、古今東西の移民と区別できないことになります。こういう言葉狩りは止めて欲しいものです。

日本独自の前方後円墳《ぜんぽうこうえんふん》が韓国にも広がるなど、日本の文化的な影響は、半島でも広汎《こうはん》に見られます。だいたい、稲作にしても寒い朝鮮半島で、暖かい日本より早くに広く発展したと考えるのはまったく不自然です。

百済には大陸文明の受容《じゅよう》でお世話になりましたが、『隋書《ずいしょ》』には「倭国は大国で珍しいものも多いので新羅や百済はかしこみ敬《うやま》い使いを派遣している」とあります。半島が兄で列島が弟といった理解から出発することは間違いなのです。

桃源郷の時代の中国南朝との交流

万世一系の国だと日本が言われるのは、4世紀の国家統一から現在に至るまで王朝の交代がなく、国家の独立と統一も維持されてきたという意味です。南北朝の対立という時代がありましたが、皇位継承をめぐる争いで2人の天皇が登場したというだけで、日本がふたつの国に分裂したわけではありません。

それでは中国はどうだといえば、何度も複数の国に分裂していました。とくに、漢帝国が滅びてからは、『三国志』で知られる魏《ぎ》・呉《ご》・蜀《しょく》の三国時代があり、そのうち洛陽を首都とする魏には、邪馬台国の使節もやって来ました。この魏は家臣の司馬《しば》氏にとって代わられて晋《しん》となり、全土を統一しましたが（西晋）、北方民族に押されて江南《こうなん》に移り建康《けんこう》（南京《ナンキン》）を首都としました（東晋）。

このあと、宋《そう》・斉《せい》・梁《りよう》・陳《ちん》と王朝の頻繁な交代がありました。この4つの王朝に、三国時代の呉と東晋を加えて六朝《りくちよう》時代といいます。王羲之《おうぎし》が出て桃源郷《とうげんきよう》の詩が詠まれ、中国史上でももっとも素晴らしい文化の栄えた時代です。

南北朝時代というと、結果的には北朝から出た隋《ずい》が全中国を統一したので北朝優位のような印象がありますが、秦漢《しんかん》帝国の正統な継承者はあくまでも南朝で、北方民族の影響を強く受け変容《へんよう》したのが北朝であり隋・唐《とう》帝国でした。

そういうわけで、日本がまず文化的にも進んだ南朝と結びついたのは当然のことでした。そしてこの交流については、中国側の史書、とくに『宋書《そうじょ》』に詳しい記述があり、また、わずかですが『日本書紀』にも中国から使節が来日したことが書かれており、日中双方の記録で確認できる最初の交流です。

『宋書夷蛮伝《いばんでん》倭国』には、詳しくは76ページの年表のとおりなのですが、いわゆる倭の五王の消息が書かれています。つまり、倭王讃《さん》が421年に宋の武帝《ぶてい》から官位を授《さず》かったあと、438年には弟の珍《ちん》が、443年には珍と関係不明の済《せい》、462年には済の子の興《こう》、478年には興の弟の武《ぶ》が倭王であったとしています(使いの旅行途中に交代があった可能性があるので、細かくは時差があるかもしれません)。

ただ、残念ながら、この中国の記録と『日本書紀』は年代を別にしても系図がぴったりとは合致しません。そこで、同時代の遠い外国の記録を信用するか、2世紀あとの日本の朝廷における記憶を信じるかということになります。

そこで、戦後の日本の歴史家は中国の記録を優先させろと言う人が多いのですが、私は日本の記録の方を優先させるべきだと思います。すでに書きましたが、歴史の整理が始まった推古《すいこ》天皇の世代からすれば、倭の五王の最後である雄略《ゆうりやく》天皇は1世紀余り昔とそんなに古い時代のことではありません。間違う可能性は小さいし、改竄《かいざん》するメリットも見当たりません。それに対し、意思疎通も難儀な外国人との会話で得た情報の信頼性はそれほど大きくありません。

それに、甲乙《こうおつ》つけがたい場合には、自国の正史を優先させるくらいの愛国心を示しても国粋主義者というべきものではありますまい。

『日本書紀』には、仁徳《にんとく》天皇と雄略天皇のもとへ中国から使いが来たことが書かれています。倭王武は雄略天皇で誰も異議がなさそうですが、倭王讃を履中天皇とすると仁徳天皇による中国との交流が宙《ちゅう》に浮きますから、仁徳天皇でいいと思います。あとは、珍が履中天皇か反正天皇か不明ですが、済が允恭《いんぎょう》天皇、興が安康《あんこう》天皇、武が雄略天皇ということは、この五王が大和ではなく九州の王だったというファンタジー好きな人たちを別にすれば認めています。

中国との国交が役に立たないので雄略天皇から断交する

南朝との国交がどう進められ、どう終わったかを検討するために、いちばん内容が細かく残っている雄略天皇（倭王武）の上表文《じょうひょうぶん》を分析しましょう。

倭王武の上表文の現代語訳というのがいろいろ存在しますが、だいたいは、短い文章に原文になかったニュアンスをいっぱい付け加えています。たとえば、冒頭の「封国《ほうこく》は偏遠《へんえん》にして、藩《はん》を外に作《な》す」という短い文章を「皇帝の冊封をうけたわが国は、中国からは遠く偏っていますが外臣としてその藩屛となっている国であります」（『日本の歴史1　神話から歴史へ』井上光貞・中央公論社）などと訳する学者もいますが、そのように訳すと原文にはない、いろんな媚中《びちゅう》ニュアンスが加わってしまいます。素直に「私どもの国は遠いですが、皇帝の威光《いこう》を尊重する国です」といった程度のことです。

この本のあちこちで書いていることですが、「冊封体制《さくほうたいせい》」という言葉を使うことで、古代から日本国家が、たとえば、明《みん》や清《しん》の時代の朝鮮王国のように、中国に対してまったく従属的な立場だったという史実とかけ離れた印象になってしまうのですが、それはおかしいのです。

そして、「昔からわが祖先は、みずから甲冑《かっちゅう》をつけて、山川を越え、安《やす》んじる日もなく、東は毛人《えみし》を征すること五十五国、西は衆夷《しゅうい》を服すること六十六国、北のほうの海を渡って、平《たい》らげること九十五国に及んでいます」などと、大和朝廷が日本列島の中で東と西で同じくらいの地域を従えたことが書かれています。

5世紀終わり頃の雄略天皇がこういう意識を示しているのは、邪馬台国が東遷《とうせん》したのが大和朝廷という珍説を完全に否定するのに十分でしょう。

次に、朝鮮半島で広大な土地を切り従えたとしています。まったくのはったりなら宋の皇帝に笑われるだけですから、そこそこ強力な支配を及ぼしていたことは間違いありません。そして、「代々、皇帝のもとにご挨拶に参っておりましたが、私も、ふつつかものながら跡を継ぎ、百済を通り、使いの者を派遣したところです」といっています。「はせ参《さん》じる」とか「お仕《つか》えする」と訳する人もいますが、別に雄略天皇が自分で来たのではありませんから誤訳です。

そして、「近年は高句麗《こうくり》が（ソウル付近まで）進出して暴虐を働くので、容易に南京まで使いを派遣できないことになって困っています」と現状を説明します。

そして、「父の済王（允恭天皇）は、高句麗が道をふさぐのを憤《いきどお》り、１００万の兵士を送ろうとしたのですが、父も兄（安康天皇）も急死し、私も喪《も》が明けるまで兵を動かせませんでした」とし、「もし皇帝の徳《とく》でこの高句麗をやっつけて平和になれば、引き続き皇帝への礼を尽くします」と、南京の皇帝へ礼を尽くす使者を派遣することが条件付きであると、丁寧ながらも釘《くぎ》を刺しています。

そして、すでに「開府儀同三司《かいふぎどうさんし》（三大臣クラス）」「使持節都督倭・百済・新羅・任那・加羅・秦韓・慕韓六国諸軍事を自分で名乗っていますが、これを追認いただきたい」と倭王武の使節は上表したわけです。

この上表文そのものが、日本の雄略天皇の朝廷で書かれたものそのままではないと思います。こんなレベルの文章が書けるなら、この時代の出来事について大量の文字資料が残っているはずだからです。ただ、卑弥呼のときなどと違って、手紙程度は書けたかもしれず、皇帝へのおべっかの部分は別にすれば、雄略天皇の意識はかなり良好に反映されていると思います。

ところが、皇帝は「開府儀同三司」はもったいないと思って認めず、また「諸軍事」の対象として百済を外して残りだけ認めます。

この中途半端な外交判断の結果、倭国から二度と南京に使節が来ることはありませんでした。肩書きを認めたら引き続き礼を尽くしてやろうと提案したのに、十分に満足できる肩書きを出さなかったので、雄略天皇は朝貢《ちょうこう》することを差し止めたのです。現代風にいえば、「国交断絶」です。

しかも、宋は倭王武の最後の使節の翌年（479年）に斉にとって代わられます。この斉、それにさらに23年後の502年には梁が成立して、それぞれ、倭王武への肩書きを更新していますが、もはや倭王武からの接触はありませんでした。南朝は重要な同盟国を外交判断のミスで失ったのです。

このあと、雄略天皇は全盛期を迎えますので、力がなくなったから断交したのではありません。日本の方から役に立たない南朝を切り捨てたということが、外交史を理解するうえで重要なのです。

なお、「開府儀同三司」は高句麗の長寿王《ちょうじゅおう》に463年に認められたものであり、それと同じ肩書きを求めたのです。このことも含めて、南朝から認められた肩書きのレベルが高句麗や百済と比べて低いという議論をする人がいますが、それは、宋にとっての脅威の大きさとか重要性で決まるもので、本当の国力とは関係ないものです。

現在でも、北朝鮮の指導者は最高の歓待《かんたい》を北京で受けています。それと同じようなものであって、近隣であることや付き合いの長い国が高い肩書きをもらうのは当然です。南朝による肩書きの上下を、百済や高句麗と日本との力関係を計《はか》るのに使うのはまったく馬鹿げています。

「使持節都督倭・新羅・任那・加羅・秦韓・慕韓六国諸軍事」の意味

中国の南朝は、倭王珍が438年に求めた「倭・百済・新羅・任那・秦韓・慕韓六国諸軍事」の肩書き要求に対して、451年に倭王済に対し、百済を除いて（加羅を加え）これを認めていますが、これは何を意味するのでしょうか。

まず、百済・新羅・任那・加羅・秦韓・慕韓の六国の意味を明らかにする必要があります。というのは、新羅は秦韓の一部であり、百済は慕韓（馬韓）の一部で、任那は加羅（伽耶）諸国の一部のはずだからです。横浜が神奈川の一部のようなものです。

つまるところ、ここは「横浜・神奈川・甲府《こうふ》・山梨・前橋・群馬」といったようなもので、当時の慣用的表現というべきでしょう。

任那・加羅ですが、任那というのは普通には慶尚南道《けいしょうなんどう》西部の金官国のことだといわれています。そして加羅、つまり伽耶諸国は旧弁韓の残りの部分のことでしょう。つまり全羅《ぜんら》南道東部を含む地区です。

それでは百済と慕韓ですが、慕韓（馬韓）というと京畿道《けいきどう》から全羅道にまで及ぶ地域で数十国からなっていましたが、そのなかの、伯済国《はくさいこく》が4世紀に発展したものです（詳しくはコラム「百済王国ミニ通史」参照）。

百済は高句麗に押されてだんだん南下します。そして、継体《けいたい》天皇のとき、任那四県割譲《かつじょう》事件が起きます。百済が事実上、これらの地域に浸透してきたのを追認するような形で百済に譲ったわけです。

この地域がどこかは若干の異論はありますが、普通は全羅南道と考えられています。前方後円墳が多く見られる地域です。このあたりは、慕韓（馬韓）の一部です。細かい境界線はともかく、倭王武の上表文における百済とは京畿道や忠清道《ちゅうせいどう》の北部あたりで、慕韓とは全羅北道や全羅南道西部を指すもののようです。

新羅は秦韓（辰韓）16ヵ国のひとつ斯盧《しろ》国とされていますが、ある程度のまと

４世紀から８世紀までの朝鮮半島情勢

(西暦)		(日本)
313	高句麗が楽浪郡を滅ぼす	景行
346	神功皇太后が新羅を攻め、三韓が服属	神功
369	百済王が七支刀(石上神宮)を贈る	
371	百済が高句麗の故国原王を戦死させる	
391	倭国が新羅・百済を臣民に(広開土王碑)	応神
	このころ新羅王子・未斯欣が倭の人質に	仁徳
413	倭王讃が中国南朝に使節を送る	
414	広開土王碑を建立	
427	高句麗が平壌に遷都	反正
438	日本が中国南朝に半島南部支配権を求める	
451	中国南朝が半島南部の日本支配を認める	允恭
	日本と高句麗の新羅を巡る覇権争い	雄略
475	百済が漢城(ソウル)から熊津に遷都	雄略
478	中国南朝への最後の遣使	
479	日本にいた王子を百済王(東城王)に	
	このころ半島南部に前方後円墳が出現	継体
512	日本が任那四県を百済に譲渡	
521	新羅が南朝に朝貢するなど台頭	
527	筑紫磐井の乱	
531	近江毛野が任那で暴政	
552	百済の聖明王が仏教を伝える	欽明
	新羅が百済から漢城を獲得	
554	百済の聖明王が新羅と戦い戦死	
562	新羅が任那を滅ぼす	
588	百済の技師などを招き、法興寺建設	崇峻
603	新羅への派兵を企てるが中止	推古
611	隋が高句麗に遠征するが失敗	
660	唐が百済を滅亡させる	天智
662	倭は豊璋を百済国王として送り込む	
663	白村江の戦いで唐・新羅が倭を破る	
668	高句麗が唐に滅ぼされる	
676	新羅が百済・高句麗領を唐から獲得	天武
679	新羅・高句麗が朝貢	
695	新羅が王子・金良淋を倭に派遣する	持統
	新羅は調を続け日本との友好を求める	文武
727	初の渤海使が来日	聖武
752	新羅朝貢使節が大仏用に金を献上	孝謙
753	長安で新羅より上席を要求し認められる	
762	恵美押勝が新羅遠征を計画	淳仁
779	新羅が任那の調を復活	光仁

まった国になったのは、奈勿尼師今《なこつにしきん》が即位した356年ごろとみられていますが、この段階では慶州とその周辺のみを領していたと考えられます。

任那は金官国で慶尚南道東部のことと普通にはみられています。加羅（伽耶）はそれ以外の弁韓地域、つまり全羅南道東部と慶尚南道の一部でしょう。ただし、『日本書紀』でいう任那は旧馬韓地域の全羅道や忠清道の一部までも含めた、日本の支配下にあった土地全体を指す形で使っているようです。

いずれにせよ、南朝の宋の皇帝は、少なくとも451年から502年のあいだ半世紀は全羅道と慶尚道、さらにもしかすると忠清道の一部に及ぶ地域を日本の勢力圏と認めていたわけです。

もちろん、中国がそれを認めていたからといっても、実際にどの程度の強さでグリップしていたのかは分かりませんが、ある程度の実態がなければ中国の皇帝も両国の中間地帯でそんな肩書きは認めるはずがありません。

しかも、好太王碑でも新羅や百済が高句麗に臣従《しんじゅう》していた時期があるのに、日本に支配されているのはけしからんというような記述があります。少なくとも、記紀《きき》という日本側の記録、中国政府の承認、好太王碑という同時代の半島の記録と、これだけ材料が揃っていてもなお日本の南朝鮮支配が幻《まぼろし》だと言うのは客観性に欠け、歴史とは離れた文学的なファンタジーの世界です。

まして、『日本書紀』などにある朝鮮諸国をめぐる記述にしても別に、日本にとって一方的にかっこうよい自慢話として書かれているようなものではありません。むしろ、神功皇太后《じんぐうこうたいごう》以来、半島に支配を及ぼしてきたものの、いかに苦労していたかが主ですから、ほぼ、信用してよいものです。

文明の総合商社だった百済王国

日本より朝鮮半島のほうが古代にあっては先進地域で、一方的に日本が影響を受けるばかりだったと韓国の人は言いたがりますし、日本人でもそれに洗脳されている人が多くいます。

たしかに、半島、とくに、百済や高句麗は中国に地理的に近いのでその文明を取り入れるには有利です。しかし、『隋書』に「倭国は大国で珍しいものも多いので新羅や百済はかしこみ敬《うやま》い使いを派遣している」とあるように、日本は農業をはじめ豊かな大国であり、独自の文化発展もあったわけです。言ってみれば、江戸時代の長崎や琉球《りゅうきゅう》と上方《かみがた》や江戸、中世におけるイタリアとフランスやドイツのような関係で、一方向だけで人や文化が流れたのではありません。

継体天皇のときに百済に割譲した「任那四県」があった全羅南道の栄山江《えいさんこう》流域に前方後円墳があることなど象徴的なものです。

とくに、478年を最後に中国との外交関係を絶った日本は、百済を通じて中国の文物を輸入することにしました。そのほうがコストも安く、言葉も通じやすく手っ取り早かったからです。とくに、百済には中国からの移住者も多くいましたし、百済を通じて中国で技術者を見つけてもらうこともありました。

ただ、百済も見返りがなければ日本が望むものを渡しません。その見返りの最たるものが領土で、日本の支配下にあった任那（伽耶諸国）のうち百済に近いところで百済が浸透していたところを譲るとか、百済と伽耶諸国の紛争で百済の肩を持つなどしました。その結果が、伽耶諸国が新羅に接近することになり、いわゆる任那滅亡という事態になったのです。

この場合に、任那日本府《ふ》というのは、朝鮮総督《そうとく》府のような直接的な行政機関ではありません。しかし、何らかのお目付《めつけ》役がいたと考えるのが普通なのではないでしょうか。現代で言えば、日本と伽耶諸国との関係は、親会社と海外で１００パーセントではないが資本参加している会社のようなもので、そうした提携先を監視するために、親会社が置いている現地法人が任那日本府といったところだと思います。

また、百済から日本への文化的貢献は、中国との橋渡し役だけだったのかといえば、そんなことはあり得ません。近代において、日本も中国や韓国に西洋の文《ぶん》物《ぶつ》の橋渡し役をしました。その場合に、そのまま右から左に流したのではなく、東洋に合うように改良したり、専門用語を漢字に直したりしました。

百済経由で流れてきた文化も、中国から直輸入のものより日本人にとって消化しやすいものだったことでしょう。

また、日本の半島支配は、当然それなりの数の日本人の半島への移住や居住を伴いましたし、逆に、それよりはるかに大きい数の百済人などの日本への流入をもたらしました。第1章で書いたように、平安時代の『新撰姓氏録《しんせんしょうじろく》』では、３割が帰化人でその主流は漢族ですが、そのなかには秦《はた》氏に代表されるような百済経由の氏族が多くいますし、百済人と名乗るのもかなりの割合です。

こうした場合に、たとえば、文字を伝えた王仁博士《わにふみよみひと》のような百済から来た漢族をどう評価するかという問題もあります。これは、たとえば、在日朝鮮人で日本国籍がない人がアメリカで活躍したようなときに、日本から来たと思われるか、韓国・朝鮮人だとアメリカ人が思うかといったようなものです。

漢字を伝えた王仁博士を日韓友好のシンボルとする動きもありますが、在日韓国人3世がアメリカでキムチを広めたのを日米友好のシンボルにするようなもので、ちょっと変な気がします。

また、帰化人は重んじられ高い地位に就《つ》いたのは確かですが、やはり外様《とざま》扱いでトップクラスの地位に就けたわけではないのも事実です。たとえば、百済王家の当主でも陸奥守《むつのかみ》あたりが限度ですし、天皇の後宮《こうきゅう》に入っても皇后になれたわけではありませんから、日韓併合ののちに、李《り》王家が皇族扱いされたような厚遇はなかったのです。

よく知られるように桓武《かんむ》天皇の母親の高野新笠《たかののにいがさ》の実家は武寧王《ぶねいおう》の末裔《まつえい》ですが、光仁《こうにん》天皇がまだ、マイナーな皇族だった時代に側室《そくしつ》になっただけともいえますし、一方で、藤原冬嗣《ふじわらのふゆつぐ》の母である百済永継《くだらのながつぐ》をはじめ、百済王家の血は広く日本の支配層に入り込んでいるのも確かで、あまり過大にせよ過小にせよ極端に流れないあるがままの評価が望まれます。

そのあたり似ているのは、先述のように、十字軍の時代のフランスやドイツとイタリアの関係でしょう。政治的・軍事的にはフランスやドイツが有利で、イタリアの都市国家は従属的ですが、ビザンツ帝国の文化を西ヨーロッパに伝える橋渡し役となり、また、イタリア人たちは各国の宮廷《きゅうてい》で活躍しました。その際に、イタリア的な味付けも加えています。こうした関係に似ていると思います。

まったく感覚的に言えば、私たち日本人と日本文化の成立にあたって、百済というものは、2割くらいの貢献があるのではないかといったところではないでしょうか。

さらに、最後にもうひとつ言えば、高句麗の継承国家が中国か北朝鮮かの論争がありますが、百済の支配層の相当部分は日本に逃げてきたわけですから、百済は韓国にとってルーツのひとつでしょうが、日本にとっても異国ではなく、日本人と日本国家の重要なルーツのひとつとも考えられるのです。百済と日本の関係が、現在の日韓関係に継承されていると単純には言えないのです。

コラム

百済王国ミニ通史

百済は満州にあった扶余《ふよ》族が南下し、紀元前18年に高句麗の始祖・朱蒙《しゅもう》の三子温祚《おんそ》によってソウル付近に建国したとされます（このころ漢が置いた帯方郡《たいほうぐん》がソウル付近にあった可能性もあります）。3世紀の段階でも馬韓をなす数十の群小国のひとつに過ぎず、国らしくなったのは4世紀になってからです。

日本が大陸に進出した4世紀中葉《ちゅうよう》に近肖古王《きんしょうこおう》が出て、中国南朝と国交を持ち、日本にも369年ごろにいまの石上《いそのかみ》神宮の国宝七支刀《しちしとう》を献上しました。この王が実質的な建国者で、日本史での崇神《すじん》天皇のような存在です。

高句麗とは対立し、故国原王《ここくげんおう》を戦死させたこともあります。高句麗の好太王の碑には、百済や新羅はもともと高句麗に従っていたのに日本がやって来てこれらの国を臣従させたとありますし、日本に王子を人質に送り、王の死後には、この王子が日本の後押しで即位したりしています。

5世紀に入ると、高句麗は半島への圧力を強め、427年には満州の丸都《がんと》から平壌《へいじょう》に遷都しました。このなかで、新羅は高句麗の圧力に屈する場面も多かったのですが、百済は日本との友好関係を基本的には維持しました。

このころ、日本も「倭の五王」と俗称《ぞくしょう》される王たちが中国南朝の宋と直接の国交を持ち、半島諸国への宗主権を認めるように要求しました。これに対して南朝は新羅や任那などについては認めましたが、百済については、南朝と直接の国交を持っていることからこれを認めず、雄略天皇が478年の使節を最後に断交したことは第5章で紹介したとおりです。

これと同じころ、百済は高句麗の攻撃を受け、475年にはソウルが陥落し滅びましたが、のちに忠清南道の熊津《ゆうしん》（公州）で復興しました。『日本書紀』によれば、熊津は雄略天皇から下賜《かし》された土地であり、東城《とうじょう》王は人質になっていたものを日本が後押しで即位させ、子の武寧《ぶねい》王（桓武《かんむ》天皇の母・高野新笠《たかののにいがさ》の祖先）は九州の生まれです。

さらにその子の聖明《せいめい》王のもとで仏教文化が栄え、日本にも仏教を伝えました。また、日本の支配下にあった伽耶諸国（任那）の一部も百済に譲られましたが、これが伽耶諸国の反発を買い、新羅による任那滅亡を招きました。551年にはソウルを高句麗から奪還しましたが、3年後には新羅に横取りされ戦死しました。

そののち、新羅に押され気味ながらも日本の後押しで百済は生き延びました。義慈《ぎじ》王は642年頃に長く敵対関係だった高句麗と和解し、日本・高句麗・百済同盟が成立しましたが、孤立した新羅は唐の年号や衣冠《いかん》を全面的に受け入れるなど従属路線をとりつつ唐に百済攻撃を要請しました。

唐は百済を攻撃し、660年、百済は滅びて王は長安《ちょうあん》に連れ去られ、領土は唐に併合されました。これに対し、残党が反乱を起こしたので、日本は滞日中だった王子豊璋《ほうしょう》を伴い派兵しましたが、663年に白村江《はくすきのえ》の戦いで唐の水軍《すいぐん》に敗れました。豊璋は高句麗に逃れますが、その高句麗も668年、唐に滅ぼされて併合されたので、長安に連れて行かれて流刑地で死にました。

そののち、新羅は唐が吐蕃《とばん》と争っている隙に百済の旧領と高句麗南部を併合しました。このために新羅・唐関係は緊張し、新羅は日本の任那への潜在主権のようなものを認めたりしましたが、唐は渤海《ぼっかい》との対立で新羅に派兵を求め、百済・高句麗領（一部）の併合を追認しました。

第6章

万世一系と騎馬民族

Q．応神天皇や継体天皇は新王朝を開いたのか？

A．30歳以上が即位の条件と見れば、皇位継承の謎は消える

歴史家が万世一系を否定したい理由

戦前の日本人は、日本の国は開闢《かいびゃく》以来、君臣《くんしん》の区別がはっきりしていて、万《ばん》世一系《せいいっけい》の天皇のもとで国民が心をひとつにして歩んできたと信じていました。

ところが、戦後になると日本が特別な国だなどと舞い上がるとまた戦争でも起こしかねないと心配して、なんとか、皇統《こうとう》がどこかで断絶した可能性を発見できないかと歴史学者たちが勝手気ままな珍説を出すようになりました。

その嚆矢《こうし》は江上波夫《えがみなみお》の「騎馬民族説」で、応神《おうじん》天皇が大陸からやって来た騎馬民族の首領《しゅりょう》だという東京大学教授らしくないロマンあふれる学説でした。ついで、早稲田大学の水野祐が3王朝交代説を出しました。

「神武《じんむ》天皇と欠史《けっし》八代《はちだい》は史実でなく、崇神《すじん》天皇が大和《やまと》を統一して建国したが、南九州にあった狗奴《くな》王国が応神天皇の時に邪馬台国を滅ぼした。そして、仁徳《にんとく》天皇の時に東遷《とうせん》して河内《かわち》地方に新王朝を開き8代続いたが、雄略《ゆうりゃく》天皇のあと後継者がおらず、飯豊青皇女《いいとよあおのひめみこ》を立てるなど混乱が続いた。そこで、越前国から血のつながらない継体《けいたい》天皇が迎え入れられ、これが現在の皇統の始まりだ」というものです。

それがさらに発展して、継体天皇は近江《おうみ》や妃の出身氏族である尾張《おわり》氏などを糾合《きゆうごう》して、大和の王国を倒して政権を取ったというような地方連合政権的なイメージまで創られていきました。それぞれの地元で喜ばれそうな説です。

しかし、これらはまったく変な話です。もし、継体天皇が武力で大和を征服して新王朝を立てたというなら、継体天皇を初代にすればよかったのです。神武天皇も、記紀《きき》では大和にいた支配者を追い出して建国したとしています。

イギリス史でも、プレ・ヒストリーとしてアルフレッド大王などアングロサクソンの王たちの物語も残っていますが、エリザベス女王が国の始まりを語るときは、「わが祖先であるウィリアム1世より」と、フランスのノルマンディーからやって来た征服者から説き起こすのです。

そして、幸いにも王朝交代説は、これから説明するように明らかな欠陥がありますす。日本国家といえるものが成立してから現在まで、皇統が断絶した可能性はありません。その理由を、順を追って説明していきたいと思います。

英雄らしい武勇談がない継体天皇

福井県では継体天皇が地元の誇りにする郷土《きょうど》の偉人の1人になっていて、市内を見下ろす足羽山《あすわやま》の中腹には継体天皇の石像が立っています。

記紀《きき》には、武烈《ぶれつ》天皇に子供がなかったので、豪族たちが相談して、地方にあった皇族のなかから、応神天皇の5世の孫で、近江高島《たかしま》郡で生まれて母の実家がある越前に住む男大迹王《おおどおう》が賢者だというので迎えられたとされています。ところが、この遠い縁者《えんじゃ》による継承は不自然で、本当は簒奪《さんだつ》者という人がいます。

しかし、『日本書紀』のもとになった『帝紀《ていき》』などが成立したときの天皇は、継体天皇の孫である推古《すいこ》天皇でした。人々の記憶もまだ生々しいころですから、お祖父さんが北陸からやって来て征服王朝を樹立したのなら、その興奮はまだ現代史として語り継がれていたでしょう。

それに新王朝なら、継体天皇の物語は、偉大な英雄として描かれていたはずです。ところが、記紀によれば、継体天皇は武烈天皇の宮廷を牛耳《ぎゆうじ》っていた大伴《おおともの》金村《かなむら》の勧めで皇位継承を引き受けたものの、大和にいきなり入ることもできませんでした。

大阪府枚方《ひらかた》市楠葉《くずは》丘《おか》の交野《かたの》天《てん》神社付近にあったという樟葉宮《くずはのみや》で即位し、5年間をここで過ごしています。京阪《けいはん》電鉄の樟葉駅の付近です。そして、京《きょう》田辺《たなべ》市の同志社大学田辺キャンパスのなかにあった筒城宮《つつきのみや》、それに長岡京《ながおかきょう》市にあった弟《おと》国宮《くにのみや》を転々としたあと、即位から20年経ってやっと大和に本拠を遷《うつ》したということになっており、どうにも英雄らしくありません。

新王朝なら大和の勢力と激しい内戦があったはずですが、それもなさそうで、テロが怖かっただけでしょう。そのあたりの事情は、第11章で説明します。

また、朝廷のなかで越前系の人々が実力者として多く取り立てられたようでもなく、このことも、王朝交代説を否定する傍証です。

継体天皇の祖父は雄略天皇の従兄弟で意外にメジャー

どうして、応神天皇5世の孫などという遠縁でしかない継体天皇にお鉢が回ってきたのでしょうか。これほど血縁が離れたところからの継承は、日本の皇室の歴史ではほかにありません。一夫多妻だから男系《だんけい》継承が割に容易だからです。

ところが、雄略天皇があまりにもたくさんの皇族を殺してしまったので、皇統を継ぐべき王子が本当に少なくなっていたのです。なにしろ、清寧《せいねい》天皇のときにも、播磨《はりま》で牛飼いをしていた2人の王子が名乗り出て、顕宗《けんぞう》・仁賢《にんけん》両帝となったくらいです。この2人が名乗り出たとき、跡継ぎがないことを心配していた清寧天皇は、父のライバルの子供たちであるにもかかわらず大喜びしたというのですから、少なくとも仁徳天皇の男系子孫はもういなかったのです。そこで、応神天皇やそれ以前の天皇の子孫から探し出すことになりました。

まず、声がかかったのが、仲哀《ちゅうあい》天皇の子孫で丹波《たんば》にあった倭彦王《やまとひこのおう》です。これが、騎馬民族説など応神天皇が新王朝を開いたというのが荒唐無稽である証拠です。応神天皇と仲哀天皇に血縁がなければ、そんなことはあり得ません。

第2候補として声がかかったのが、越前にあった継体天皇です。マイナーな皇族のように見えますが、血筋から言えば、曾祖父の姉妹が允恭《いんぎょう》天皇の皇后になって安康《あんこう》、雄略両帝の母となっています。つまり、祖父が雄略天皇の従兄弟《いとこ》だったわけで、けっこうメジャーな存在だったのです。

ただ、生まれたのは近江高島郡ですが、父は早く死にました。田中大塚《たなかおおつか》古墳が

応神・継体天皇系図

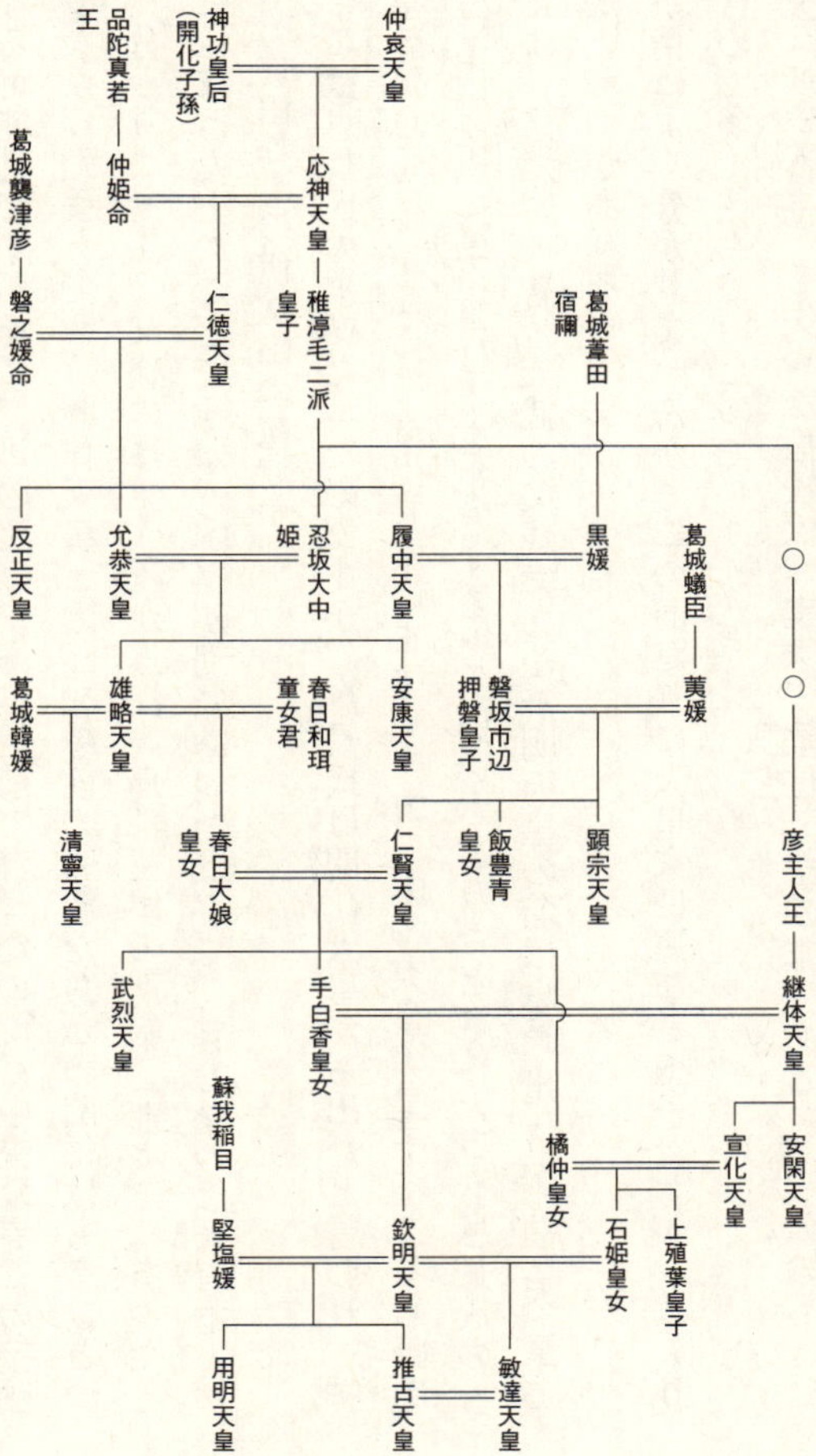
仲哀天皇
神功皇后
(開化子孫)
品陀真若王
応神天皇
仲姫命
葛城襲津彦
稚渟毛二派皇子
仁徳天皇
磐之媛命
葛城葦田宿禰
履中天皇
忍坂大中姫
允恭天皇
反正天皇
黒媛
葛城蟻臣
荑媛
○
○
安康天皇
春日和珥童女君
雄略天皇
葛城韓媛
磐坂市辺押磐皇子
顕宗天皇
飯豊青皇女
仁賢天皇
春日大娘皇女
清寧天皇
彦主人王
継体天皇
武烈天皇
手白香皇女
安閑天皇
宣化天皇
橘仲皇女
石姫皇女
上殖葉皇子
蘇我稲目
堅塩媛
欽明天皇
用明天皇
推古天皇
敏達天皇

その墓という人もおり、陵墓《りょうぼ》参考地として宮内庁の管理下になっていますが、単なる可能性です。そこで母の実家がある越前で育ったので、中央政界との接触が少なかったようです。継体天皇と近江や越前の豪族たちとの関係はもうひとつよく分かりません。父親の彦主人王《ひこうしのおう》が近江高島郡三尾《みお》の別業《なりどころ》（別宅）にあったときに生まれたとのことですが、本拠が別にあったはずで、有力なのは米原市《まいばら》（かつての坂田郡）の伊吹山《いぶき》の麓《ふもと》です。

ここは息長《おきなが》氏の本拠だったのですが、息長氏は開化《かいか》天皇から出たと言われ、神《じん》功皇后《ぐう》（息長帯比売命《おきながたらしひめのみこと》）も出しています。一方、応神天皇の皇子である若野毛《わかぬけ》二俣王《ふたまたのおう》の子、意富富杼王《おおほどのおう》を祖とするともいい、これだと継体天皇も息長氏の一員です。また、天智《てんじ》・天武《てんむ》の父親である舒明《じょめい》天皇の名は息長足日廣額《おきながたらしひひろぬかのすめらみこと》天皇で何かいわくがありそうです。

事情はよく分かりませんが、このあたりに天皇家に連なる王子たちが、婿《むこ》入りも含めて多く住んでいたのでしょう。

夫（彦主人王）を失った振媛《ふるひめ》は、実家で垂仁《すいにん》天皇の末《すえ》である三国公《みくにのきみ》のもとに帰り、継体天皇は越前で育ったと言われますが、近江との交流は盛んだったようで、多くの妃《きさき》を息長一族など近江から迎えています。尾張から美濃、近江、越前といったあたりの王族たち同士で結婚を通じた交流が多くあったのは、安閑《あんかん》・宣化《せんか》両天皇の母は尾張氏の出身とされていますが、ごく自然なことだと思います。

生前譲位がない時代には若い天皇はあり得なかった

継体天皇よりあとになると、『日本書紀』に記載されている年代もかなり正確になってきます。そんななかで目立つのは、欽明《きんめい》天皇の2人の皇子である敏達《びだつ》天皇と用明《ようめい》天皇というふたつの系統の争いがあり、それが最終的には傍流《ぼうりゅう》扱いされたはずの敏達天皇系の勝利に終わったという大きな流れです。

この争いの第1幕は、継体天皇が即位前に尾張目子媛《おわりのめのこひめ》を母としてもうけた安閑天皇および宣化天皇と、大和にやって来てから皇后とした手白香皇女《たしらかのひめみこ》（仁賢《にんけん》天皇の皇女）の子である欽明天皇の関係です。

ただし、これはそれほど厳しい戦いではなかったと思います。もともと、仁徳天皇系に跡継ぎがなく、生き残りというべき仁賢天皇の皇女と結婚することを条件に即位したらしい継体天皇から皇位を継承していくべきなのは、皇后・手白香皇女が生んだ欽明天皇であることが自明の理でした。

女系《じょけい》相続だったなどという珍奇な説を唱える必要はありません。男系相続が基本でも、このような遠縁の相続の場合は、女系でのつながりを補完要素としようという意識はいつも働くものです。

天武系の孝謙《こうけん》天皇から天智系の光仁《こうにん》天皇へ移ったのは、聖武《しょうむ》天皇の井上《いのえ》皇女の夫だったからですし、江戸時代に後桃園《ごももぞの》天皇から閑院宮《かんいんのみや》家の光格《こうかく》天皇に継承されたのも欣子《よしこ》皇女の結婚相手として好ましかったからです。

なぜ、継体天皇から欽明天皇に直接継承されなかったかといえば、欽明天皇が若すぎたからです。継体天皇が崩御《ほうぎょ》したとき、欽明天皇は23歳です。平安時代以降に幼子《おさなご》の天皇が続出してからと違って、このころは、30歳をかなり過ぎてから登極《とうきょく》し、譲位することなく死ぬまで天皇でした。

継体天皇から文武《もんむ》天皇までの歴代天皇の即位年齢を列挙しますと、継体58、安閑66、宣化69、欽明31、敏達35、用明46、崇峻《すしゅん》?、推古39、舒明37、皇極《こうぎょく》49、孝徳《こうとく》50、天智43、弘文《こうぶん》24、天武?、持統《じとう》46、文武15です。

このうち弘文天皇は、即位したのか、即位しようとしたのかも不明です。つなぎに皇后だった倭姫王《やまとひめのおおきみ》（古人大兄皇子《ふるひとのおおえのみこ》の娘）を女帝として立てようという選択肢もありましたし、数年の間は空位にして摂政《せっしょう》のような形で統治する「称制《しょうせい》」にしておこうとしたのかもしれません。

いずれにしろ、即位は30歳以上といったような不文律があった以上は、聖徳太子がどうして天皇にならなかったのかとか、大化《たいか》の改新《かいしん》のあと天智天皇がすぐに即位しなかったのはなぜかといった「謎」はいずれも謎ではないのです。

そこで、継体天皇のあとは、欽明天皇が若すぎたので、尾張連草香娘《おわりのむらじくさかのむすめ》目子媛を母とする安閑天皇、ついで弟の宣化天皇が継ぎましたが、それぞれ、あしかけ4年だけの在位でした。

『百済本記《くだらほんぎ》』には、「また聞くところによると、日本の天皇および皇太子・皇子皆《みな》死んでしまった」という記事があり、継体天皇とその子の2人の天皇が同時に亡くなったような書き方をしており、それを参考にした『日本書紀』の編纂者も戸惑《とまど》っていますが、遠隔地の百済の朝廷にふたつの事件が同時期に伝えられて、混乱したとしてもそんなにおかしな話ではありません。

これを2王朝並立と言う人もいますが、年齢が若すぎたというだけで説明がつくので空想の産物です。２人の異母兄の跡をついで、満を持して登極するはずの欽明天皇ですが、31歳になってもなお経験不足だとして、安閑天皇の皇后だった仁賢天皇の春日山田皇女《かすがのやまだのひめみこ》に政《まつりごと》を託したいと、いったん辞退したくらいです。

これが、初の女帝を意味したのかは分かりませんが、ここで経験不足が問題になっているのですから、継体天皇の崩御のあとすぐに欽明天皇にバトンタッチしなかった理由が年齢にあったことは火を見るより明らかです。

そして、欽明天皇は31年余にわたって在位し、その間、百済の聖明王《せいめい》から仏教伝来、その聖明王が新羅と戦っての戦死、日本から帰国した威徳王《いとく》が百済国王に即位、さらに任那《みまな》日本府の滅亡という大事件に遭遇しました。

蘇我氏に排除された近江・越前系勢力

敏達、用命、崇峻、推古はいずれも欽明天皇を父としています。その彼らが56年にわたって皇位を独占しました。とくに、推古天皇が長生きしたので、１世代を飛ばして、敏達天皇の孫である舒明天皇に引き継がれていきます。

安閑天皇には子がなかったのですが、宣化天皇には多くの子がいました。しかし、仁賢天皇の橘仲皇女《たちばなのなかつひめみこ》との間にもうけた上殖葉皇子《かみつうえはのみこ》やその子孫も、皇位継承の候補として扱われなかったようです。

とはいえ、根絶やしにされたというようなことではなく、上殖葉皇子の子孫は、孫の嶋《しま》が元明《げんめい》天皇のもとで左大臣《さだいじん》になりましたし、関東武士の有力集団だった多治比《たじひ》氏の丹党《たんとう》は上殖葉皇子の子孫と称し、江戸大名としても大田原《おおたわら》、大関《おおぜき》、青木の三家を輩出しています。平氏の祖である葛原《かずらわら》皇子の母は嶋左大臣の玄孫《やしゃご》ですから、平清盛《たいらのきよもり》など桓武《かんむ》平氏は子孫ですし、北朝の祖である後深草《ごふかくさ》天皇の母は平清盛の玄孫《やしゃご》ですから、現皇室も上殖葉皇子のDNAを受け継いでいることになります。

欽明天皇の4人の子のうち、宣化天皇の皇女石姫《いしひめ》を母とする敏達天皇は父の欽明天皇が崩御したとき35歳ですから順当に皇位を継承します。最初の皇后は息《おき》長真手王《ながのまておう》の娘《むすめ》である広姫《ひろひめ》です。息長真手王の出自は明らかではありませんが、継体天皇の兄弟や従兄弟など近江系の王族でしょう。

この皇后との間に押坂彦人大兄皇子《おしさかのひこひとのおおえのみこ》（舒明天皇の父）がいましたが、生年は不明です。しかし、広姫が死んだので異母妹で大臣蘇我稲目《そがのいなめ》の娘堅塩媛《きたしひめ》を母とする額田部皇女《ぬかたべのひめみこ》(のちの推古天皇)を皇后にします。

敏達天皇が崩御したのは、13年余り在位したあとで、跡を継いだのは、皇后の同母兄である用明天皇でした。蘇我氏を母系に持つ初めての天皇です。しかし、用明天皇は翌年に崩御しましたので、用明天皇や推古天皇の母の姉妹である蘇我《そが》小姉君《おあねのきみ》をいずれも母とする穴穂部皇子《あなほべのみこ》と崇峻天皇が対立します。前者を支持したのが物部守屋《もののべのもりや》で、後者は蘇我馬子《うまこ》があと押ししました。

このとき、敏達天皇の殯宮《もがりのみや》に穴穂部皇子が侵入して皇太后を襲おうとした事件が起きました。この争いは蘇我馬子と、崇峻天皇側の勝利に終わり、これで仏教も社会的認知を受けました。

しかし、崇峻天皇は、在位4年余りで叔父である蘇我馬子と対立して暗殺されてしまいます。そこで、男子の適任者がいないということか、敏達天皇の皇后であり異母妹だった推古天皇が即位します。

この用命、崇峻、推古の即位のときに押坂彦人大兄皇子も候補者だったのかどうかは、皇子の生年が不明なので厳密には不明です。少なくとも敏達天皇が崩御した年齢が48歳でしたから、皇子が30歳を越えていた可能性は低そうです。しかし、推古天皇が即位したときには越えていた可能性が大きそうです。

一方、推古天皇の即位時に聖徳太子は20歳、敏達天皇と推古天皇の子である竹田皇子《たけだのみこ》は幼児だったはずで、いずれも皇位継承者にはなりえませんでした。ただ、聖徳太子（厩戸皇子《うまやどのみこ》）を摂政兼皇太子にしたと伝えられることは、次期天皇を約束し、さらに、いずれは、竹田皇子につなごうという露骨《ろこつ》な路線ですから、やはり、蘇我氏と関係ない押坂彦人大兄皇子は外されたのです。

そして、おそらく、継体天皇の即位以来、それなりに力を持っていた近江・越前系の豪族の力は蘇我氏の主導のもとで排除とまでは言わないまでも弱体化され、それ以降は主要な豪族としては扱われなくなります。

この4人の天皇のうち推古天皇を除く3人の治世では、仏教の受容と朝鮮半島外交が政争の焦点でした。敏達天皇は仏法には懐疑的でした。百済から来た仏像を蘇我馬子が祀《まつ》っていましたが、疫病が流行ったのは蘇我氏が仏像を崇拝したためとされ、難波《なにわ》の堀江《ほりえ》に捨てられました。長野善光寺《ぜんこうじ》の本尊《ほんぞん》は、これを引き上げたものとされています。

それに対して、用明天皇は仏法に好意的でしたが、その治世は2年だけでした。そして、崇峻天皇の即位の時に物部守屋が滅ぼされて、崇仏《すうぶつ》論争に決着がついたので、蘇我馬子は、法興寺《ほうこうじ》（飛鳥寺《あすかでら》）の建立《こんりゅう》に取りかかりました。

推古天皇は最初の女帝ではない

神功皇太后は1926年まで歴代天皇の1人として数えられていました。また、清寧天皇のあと飯豊青皇女は事実上の女帝だった可能性があります。さらに、実現はしませんでしたが、欽明天皇は自分が若く経験が乏《とぼ》しいことを理由に安閑天皇の皇后だった春日山田皇女に即位を促《うなが》したようでもあります。そういう意味では、推古天皇の即位は唐突《とうとつ》ではありませんでした。

ただ、このころになると、律令《りつりょう》制度はまだできていませんが、徐々にそれに近い行政組織が整備されてきましたし、外交も遣隋使の派遣という形で再開されます。そうなると、肩書きや就任手続きもかなり形式を踏んだものになっていったのだと思うのです。

これを企業にたとえると、それまでは個人商店のようなもので、天皇といっても「ご主人」とか「大将」といったイメージです。ところが、このころになると、「社長」になってきます。これまでは、ご主人が死んで「おかみさん」が実質的な経営者となっても呼び名は「おかみさん」のままでした。ところが、株式会社になれば女性でも「代表取締役」に選任されて社長と呼ばれることになりますが、そういうことに似た話だったと思います。

そういう意味で、推古天皇が初めて堅苦しく「大王《おおきみ》（治天下大王《あめのしたしろしめす》）」や天皇と呼ばれることになった、ということなのではないでしょうか。

推古天皇には、最初に「天皇」と呼ばれた帝王だったのではないかという説があります。あの津田左右吉《つだそうきち》もそういう意見でした。戦後教育では、『日本書紀』は推古天皇から信用できるとやたら強調されてきました。

「天皇」という称号が最初に法的に定められたのは、701年の「大宝律令《たいほう》」によるもので、そのときは文武天皇の時代です。ただし、天武天皇の時代に天皇という称号が使われていたことを示す木簡《もっかん》が出土して、少なくともそのころには公式かどうかは別にして、使用が始まっていたことが分かりました。

さらに、遣隋使の派遣にあたって「日出《ひい》ずるところの天子《てんし》、日没《ぼっ》するところの天子に」という書状を送ったと『隋書』に書いていますし、『日本書紀』には翌年の遣隋使にあたって「東の天皇つつしみて西の皇帝に」と書いたとあります。

また、法隆寺《ほうりゅうじ》金堂《こんどう》の薬師如来像光背銘文《やくしにょらいぞうこうはいめいぶん》（法隆寺創建時のものか、のちに再建したとき模造されたものか論争有り）には、推古天皇の「池辺大宮治天下天皇」という表現が、飛鳥大仏の失われた光背銘を転記したものには「多知波奈土與比天皇」と書かれていたとあり、推古天皇のころに天子や天皇などという呼び方が始まっていた可能性を示唆する材料はかなりあります。

私も推古天皇のときに天皇号《ごう》が成立していたとは確信しませんが、その可能性を排除するのは間違いですし、むしろ、ある日、突然に決定が行われて使用が始まったのではなく「治天下大王」の漢語的表現として、自然発生的に生じたというのが正しいように思います。

しかも、これらはすべて漢字で書いたときのことで、古くは、口語では「おおきみ」とか「すめらぎ」などと呼んでいたようです。また「養老《ようろう》律令」では、祭祀では「天子《すめみまのみこと》」、外交では「皇帝」、臣下が上表するときには「陛下《へいか》」とするとされています。

　さらに、中世以降は「帝《みかど》」、「主上」（おかみ、しゅじょう）などさまざまな表現が使われましたし、崩御されたあとは、幕末に謚号《しごう》が復活するまでは「後陽成《ごようぜい》院《いん》」などのように呼ばれていましたから、天皇というのはそれほど使用頻度が高い言葉ではなかったのです。

　ただし、遣隋使以来、中国の皇帝より格下に見られることを注意深く避けられてきたことは確かです。

　ちなみに皇后については、天皇の正妻を「おおきさき」と呼んでおり、律令制のもとで「皇后」という漢字を充《あ》てました。ただし、中世になると正妻の地位が不明確になり、また、早期に譲位し、そのあとの人生が長くなったので混乱し、鎌倉時代の末から幕末までは皇后という称号は消滅していました。

　皇后に陛下という称号を使うのも明治になってからで、現在の両陛下同士でも、天皇を皇后は陛下と呼ばれますが、天皇は皇后を陛下とは呼ばれません。

コラム

書き言葉としての日本語の成立

古代日本には独自の文字があったと言う人もいますが、普通にはなかったと考えられており、応神天皇の時代に伝えられたと『日本書紀』にあります。百済から来た阿直岐《あちき》が中国の古典をよく読むので、太子だった菟道稚郎子《うじのわきいらつこ》（仁徳天皇の兄弟）がこれを師として学びました。そこで、天皇が「お前に勝る学者はいるのか」と聞いたところ王仁《わに》を推薦したので、百済から招聘《しょうへい》したといいます。

王仁博士は、漢の高祖の子孫と称しています。山東省から楽浪郡《らくろうぐん》に移住し、さらに百済に移ったので、平安時代の『新撰姓氏録《しんせんしょうじろく》』には、文《ふみ》、武生《たけふ》、櫻野、栗栖《くりす》、古志《こし》といった名字の人々が王仁の子孫で漢族として登録されています。

もちろん、それまで大陸から来た人たちに識字《しきじ》能力がある人も多かったはずですし、文字が書かれた物道具も輸入されたはずですが、言語も文字も社会的にコミュニケーション手段として使われなかったら、そのまま忘れます。たとえば、現代でも在日朝鮮人の2世、3世で朝鮮語ができる人はわずかです。

この王仁博士の招聘を機に、朝廷にも文字を解《かい》する人が働くようになり、文字を学ぼうという人が出てきたはずです。しかし、その後も、文字は急速には広まらなかったようで、文字に通じているのは帰化人が主でした。しかも、彼らの中国語の能力は世代が下《くだ》るにつれて低下してしまい、外国の使節が持ってきた手紙や新しい知識についての文書が読めないことも多かったのです。

しかし、こうした状況は仏教の導入を機会に一転します。第10章でも書くように、仏教というのは文明システムです。それを究《きわ》めるためには中国語を読めなくてはならない。そこで、空前の識字ブームが起きます。さらに、百済経由の知識では満足できず、現代中国語を学びたいということにもなりました。

日本人のつくった漢文では、聖徳太子の自作といわれる十七条憲法がありま す。奈良時代に編纂された漢詩集『懐風藻《かいふうそう》』には大友皇子《おおとものみこ》が大津京でつくった詩が載っており、日本人による最古の作品といわれます。

そして、日本の固有名詞を読むのに万葉仮名《まんようがな》がつくられます。さらに平安時代には、その延長線上に仮名が生まれました。漢字の音《おん》を、伝統的には南朝のいわゆる呉音《ごおん》で読んでいたのが、中国で長安地方の漢音《かんおん》が標準語化したので漢音への転換が進められ、それを使うよう行政命令まで下されました。記紀はその過渡期にあったので、万葉仮名でも『日本書紀』は漢音、『古事記』は呉音です。

訓《くん》読みも推古朝以前から始まったようです。今日的な訓読みにとどまらず、「倭国」と書いても「ヤマト」、「大王」や「天皇」と書いても「すめらみこと」と読んだりしました。「日本天皇」も「倭王」も「やまとのすめらみこと」と読んだようです。

日本語の順序に従って漢字を並べることは遅くとも7世紀からすでに始まり、さらに、万葉仮名をそこに交《ま》じえ、平安時代には漢字仮名交じり文に発展していきました。また、漢文に返《かえ》り点などをつける手法も開発されました。

半島でも漢字を新羅語の語順で並べた金石文《きんせきぶん》はありますが、ごくわずかで、日本から導入したが根付かなかったということかもしれません。

第7章

聖徳太子架空説

Q．蘇我一族の功績を厩戸皇子に付け替えた？

A．聖徳太子は天智・天武の仇敵だからあり得ない

厩戸皇子はいたが、聖徳太子と呼ばれていなかったら架空か？

「聖徳太子架空説」というのがあります。『日本書紀』などでの聖徳太子の事跡が誇張されたものだという見解はそれまでもありましたが、大山誠一が1999年に『〈聖徳太子〉の誕生』という論文を発表して大胆なものになりました。「厩戸《うまやどの》王の事蹟のうち冠位《かんい》十二階と遣隋使のふたつ以外は全くの虚構《きょこう》」であって事業そのものが確認できず、『隋書』には推古《すいこ》天皇や厩戸王の名が登場していないから遣隋使にも無関係であって、何も残らないというものです。法隆寺薬師如来像光背銘文《やくしにょらいぞうこうはいめいぶん》、法隆寺釈迦三尊像《しゃかさんぞんぞう》光背銘文、天寿国繍帳《てんじゅこくしゅうちょう》、三《さん》経《ぎょう》義《ぎ》疏《しょ》などもすべて後世の創作とします。

法隆寺を創建した厩戸王の存在を否定はしないものの、推古天皇の皇太子で優れた業績を上げた聖徳太子は、藤原不比等《ふじわらのふひと》らの創作で架空だというわけです。実在した人物だが呼び方が生前からのものではないとか、業績に誇張があるだけで架空というのも、受け狙いがみえみえで不愉快な学説です。

しかし、厩戸皇子は、用明《ようめい》天皇の皇子で蘇我馬子《うまこ》の姉妹の孫であり、「壬生部《みぶべ》」という大きな領地も与えられており、『日本書紀』以外の資料からも早くから崇拝されていたことが窺《うかが》えます。その太子が重要な政治的地位を持っていなかったとは考えられません。

その功績の多くは馬子のものだという意見はかなり広く支持をされています。しかし、私はまったく誇張がないとは思いませんが、それは、多くの有名人に共通した程度で、聖徳太子が偉大で傑出《けっしゅつ》した政治家であり、皇太子兼摂政《せっしょう》というにふさわしい地位にあったことは間違いないと考えています。

私がそう考えるのは、聖徳太子が天智《てんじ》・天武《てんむ》天皇の祖父である押坂彦人大兄《おしさかのひこひとのおおえの》皇子《みこ》にとってライバルであり仇敵《きゅうてき》といってもいい存在だったからです。

その細かい事情はあとで説明しますが、天智・天武天皇の子孫たちの全盛期に編纂された記紀《きき》に、わざわざ、他人の功績まで、祖父や曾祖父の仇《かたき》ともいえる聖徳太子のものにする理由などまったくないのです。

動機からだけで歴史を組み立てるのを「陰謀《いんぼう》史観」といいますが、動機がないのに犯人扱いでは、ミステリー小説にもなりません。

聖徳太子がどうしても天皇にしたくなかった皇子がいた

敏達《びだつ》天皇の皇后だった推古天皇が即位したとき、敏達天皇の嫡子《ちやくし》である押坂彦人大兄皇子は年齢的にもだいたいほどよく年を取り、新天皇最有力候補だったのを排除された経緯はすでに書いたとおりです。

押坂彦人大兄皇子の妃には、異母妹の糠手姫皇女《ぬかでひめのひめみこ》や「漢王の妹《あやのみこ》」という出自不明の大俣王《おおまたのみこ》があり、前者は舒明《じよめい》天皇、後者は茅渟王《ちぬのみこ》（皇極《こうぎよく》天皇や孝徳《こうとく》天皇の父）の母です。

そののち、推古天皇の2人の娘とも結婚していますが、小墾田皇女《おはりだのひめみこ》とは子がなく、桜井弓張皇女《さくらいのゆみはりのひめみこ》とは山代王《やましろのみこ》と笠縫王《かさぬいのみこ》をもうけましたが夭折《ようせつ》しているようです。そして、皇子は605年前後に失意の内に死んだようです。

さらに、聖徳太子の嫡男である山背大兄王《やましろのおおえのおう》は、天智・天武両帝にとって、その父である舒明天皇が皇位を争った相手ですから、聖徳太子が開いた上宮王家《じようぐうおうけ》は、押坂彦人大兄王家にとって、まさに憎きライバルでした。

聖徳太子は天智・天武兄弟にとっては、蘇我馬子よりよほど直接的な仇敵であり、蘇我馬子の業績を聖徳太子に付け替える動機はまったくなく、蘇我馬子の業績を否定するために聖徳太子を創り出したという理屈は成立しません。

推古天皇が75歳までという長命であったために、29年も皇太子をつとめながら49歳で登極《とうきょく》できないまま死んだ英明《えいめい》のプリンスへの同情は尋常でなかったことは容易に想像でき、その追慕《ついぼ》から美化されたことはあると思います。

しかし、それは、聖徳太子が優れた業績を上げ、人格的にも立派だったからこそであって、蘇我馬子の業績を否定するためではあり得ませんから、聖徳太子についての『日本書紀』の記述をとくに疑う必然はありません。

推古天皇も聖徳太子と蘇我馬子のロボットだったとは思えません。聖徳太子の死んだあと、馬子が「自分は葛城《かつらぎ》一族の血を引くから」と葛城地方を領地にしたいと要求したのですが、推古天皇は「これまで叔父のことであるからだいたいのことは受け入れてきたが、公の土地を譲っては、後世において愚かな女だと言われ、あなたも、不忠《ふちゅう》だと誹《そし》られるのではないか」として峻拒《しゅんきょ》しています。少なくともトロイカの一角として十分に実質的に機能していたと思われます。

推古天皇は「このところ五穀《ごこく》が実らず百姓は飢《う》えている。私のために陵《みささぎ》を建

聖徳太子・蘇我系図

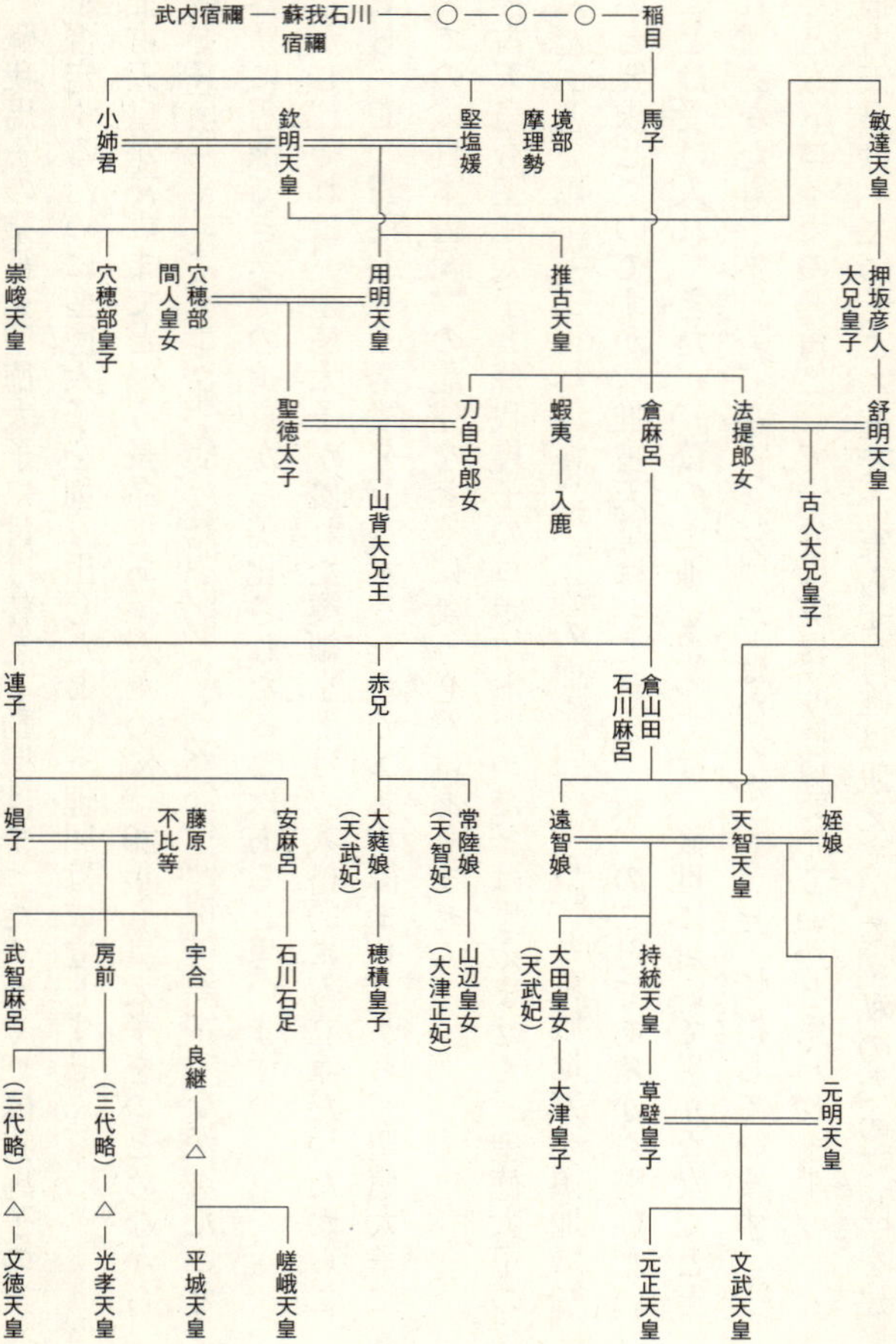
武内宿禰
蘇我石川宿禰
稲目
敏達天皇
馬子
境部摩理勢
堅塩媛
欽明天皇
小姉君
押坂彦人大兄皇子
推古天皇
用明天皇
穴穂部間人皇女
穴穂部皇子
崇峻天皇
舒明天皇
法提郎女
倉麻呂
蝦夷
入鹿
刀自古郎女
聖徳太子
山背大兄王
古人大兄皇子
倉山田石川麻呂
赤兄
連子
姪娘
天智天皇
遠智娘
常陸娘（天智妃）
大蕤娘（天武妃）
安麻呂
藤原不比等
娼子
元明天皇
持統天皇
大田皇女（天武妃）
山辺皇女（大津正妃）
穂積皇子
石川石足
宇合
房前
武智麻呂
草壁皇子
大津皇子
良継
△
（三代略）
△
文武天皇
元正天皇
嵯峨天皇
平城天皇
光孝天皇
文徳天皇

てて厚く葬ることをしてはならない。（我が子で幼くして死んだ）竹田皇子《たけだのみこ》の陵に一緒に葬ればよいことである」と帝王らしい立派な遺言を残して崩御しました。

山背大兄王はできが悪かったので天皇になれなかった

聖徳太子の長男である山背大兄王が優れた資質だったので、蘇我蝦夷《えみし》・入鹿《いるか》の父子が、王が皇位につくことを妨害し、最後は一族もろとも殺してしまったと一般に理解されています。

推古天皇の帝位を継いだのは、舒明天皇（田村皇子《たむらのみこ》）でした。聖徳太子のライバルで蘇我馬子に邪魔されて皇位に就けなかった押坂彦人大兄皇子の嫡男です。母親は敏達天皇を父とする異母妹ですが、その母は伊勢大鹿首小熊《いせのおおかのおびとおぐま》の娘《むすめ》という身分の高くない女性のようです。もちろん、蘇我氏とは血縁がありません。

ライバルの山背大兄王の母は、蘇我馬子の娘である刀自古郎女《とじこのいらつめ》で、祖父の用明天皇、父の聖徳太子も合わせて３代続きで蘇我氏出身の母親の子でしたから、普通には蘇我氏としては山背大兄王を支持するはずです。

舒明天皇も蘇我馬子の娘（法提郎女《ほほてのいらつめ》）を妃の１人として、古人大兄皇子《ふるひとのおおえのみこ》が生まれていましたが、縁の深さはまったく違います。

ただ、推古天皇は蘇我氏との縁が深いとはいえ、敏達天皇の皇后でもあり、敏達天皇との近さも大事だと考えていたようです。

天皇は死ぬ間際になって、舒明天皇には「天子となって国の基を整え、政務を統《す》べて民を養うことはたやすいものでありません。私は貴方をつねに重く見てきた。行動を慎《つつし》んで物事を明らかに見るように心がけなさい。軽々しくものを言ってはなりません」といい、山背大兄王には「あなたはまだ未熟だから、心の中で望むことをあれこれ言ってはなりません。必ず群臣の言葉を聞いてそれに従うように」と遺言しました。

これを、普通に受け取れば、舒明天皇を後継者だと考えていることと、その次のホープとしての山背大兄王に苦言を呈《てい》しつつ、その成長を期待しているようにしか聞こえません。

そこで、蘇我蝦夷は舒明天皇を実現すべく、山背大兄王の後見人的な存在だった境部摩理勢《さかいべのまりせ》（馬子の弟といわれます）を説得しようとしましたが成功せず、群臣に推古天皇の遺言を紹介して意見を求めました。

そうしたところ、大勢は舒明天皇の即位を当然としたものの山背大兄王を推《お》す者もあり、決着はつきませんでした。また、山背大兄王自身も推古天皇から「私の貴方への寵愛《ちょうあい》は誰とも比べものにならない。皇位はたいへん大事なものなのだが、貴方の心は未熟なので言葉を慎重にするように」とか「蘇我馬子も貴方がいずれ天皇になる可能性が高いのだからと心配していた。行いを慎重にして自愛《じあい》するように」と言われていたのは自分を皇位継承者だと考えていたからに違いないと、蝦夷に即位を懇願《こんがん》しました。

しかし、こうした推古天皇の言葉を後継者指名だと解釈することには無理がありますし、蝦夷は境部摩理勢に大勢の意見に従うように説得したのですが、怒った境部摩理勢は、自分が責任者だった蘇我馬子の墓所の建設工事を放棄し、山背大兄王の弟・泊瀬王《はつせのみこ》の邸宅に籠《こ》もりました。けれども、泊瀬王が病で急死したりして立場が悪くなり、摩理勢は蝦夷に滅ぼされ、山背大兄王も矛《ほこ》を収めました。

そして、舒明天皇は37歳で即位し13年の治世ののち49歳で崩御しました。このときに後妻であったのちの皇極天皇を母とする中大兄皇子《なかのおおえのみこ》は16歳である一方、舒明天皇が即位する前に先妻だった法提郎女（蘇我馬子の娘）を母とする古人大兄皇子は、皇位継承のいちおうの条件だったとみられる30歳に達していたか微妙なくらいの年頃でした。

このとき、蘇我蝦夷が皇后を皇極天皇として即位させたのは、いずれ古人大兄皇子を即位させるため、山背大兄王を排除するためだったとしか思えません。

そして、皇極天皇のもとで蘇我蝦夷とその子の入鹿の専横《せんおう》は甚《はなは》だしいものになりました。山背大兄王らの配下にある私民《しみん》を勝手に使って蝦夷・入鹿の墓所を作らせたり、天皇に無断で冠位十二階で最高位に与えられた紫色の冠を、蝦夷が勝手に入鹿に譲ったりしました。また、屋敷を宮上の門と呼ばせるなど、天皇同様のふるまいがありました。

皇極天皇即位の翌年、蘇我入鹿は巨勢徳多《こせのとこた》らに斑鳩宮《いかるがのみや》にあった山背大兄王を襲撃させました。山背大兄王は斑鳩宮から脱出して生駒山《いこま》に逃亡しました。家臣たちは、東国《とうごく》に逃げて再起を期すべしと勧めましたが、王は民を戦いに巻き込むことを好まないと断りました。

山背大兄王は生駒山を下りて法隆寺に入り、一族はもろとも自害しました。しかし、集団自決は、この時代にあってあまりないことで、山背大兄王のエキセントリックな性格が見てとれます。聖徳太子がいかに偉人だったとしても、息子が同じように優れていると推測するのは間違いです。

私は山背大兄王が優れて人望があったから蘇我入鹿によって殺されたのではなく、血筋の良さにもかかわらず傲慢《ごうまん》で人望がなかったので、蘇我蝦夷も天皇として推《お》せず、それを山背大兄王が恨んでぎくしゃくし、蝦夷はそれでも我慢していましたが、入鹿が怒って滅亡に追い込んだということだと思います。

それでも、蘇我入鹿が山背大兄王など上宮王家一家を集団自決させたことは、さすがにやり過ぎで、『日本書紀』では蝦夷も入鹿の行為を怒り、「やがて自分が滅ぶぞ」と嘆《なげ》いたということです。

大化の改新のとき、なぜ中大兄皇子は天皇にならなかったか

「大化の改新」についての『日本書紀』の位置づけは、誇張されていると言う人が多く、「大化の改新」はなかったという見方まであります。

たしかに、「改新之詔《かいしんのみことのり》」の文章にはのちの時代にしか使われていない語彙《ごい》がありますから、原文が失われて改変されているのは確かですが、天武天皇や持統《じとう》

天皇の功績とすべきものを孝徳天皇や天智天皇（中大兄皇子）の功績にする動機など見あたりません。やはり原型はあったとみるべきです。

さて、それでは、大化の改新の動機と結果を皇位継承という観点から眺めてみましょう。すでに書いたように、蘇我蝦夷・入鹿の父子は、山背大兄王ら上宮王家を滅ぼして、女性で扱いやすい皇極天皇のもとで専横を極めつつ、舒明天皇の長子《ちょうし》で蘇我馬子の娘を母とする古人大兄皇子が年齢的に皇位継承にふさわしいとみられる年齢になるのを待ちました。

そして、その計画がまさに完成せんとしたときに起きたのが入鹿暗殺事件です。逆に言えば、中大兄皇子とすれば粛清《しゅくせい》の危険を感じてもおかしくない状況ですから、中臣鎌足《なかとみのかまたり》らがクーデターを勧めたのに乗るのも自然なことです。はじめは自分で手を下すつもりはなく、佐伯連子麻呂《さえきのむらじこまろ》らが実行するはずが、躊躇《ちゅうちょ》したので自ら斬りかかったということは、『日本書紀』に詳しく書いているとおりで、経緯として自然です。

皇位継承については、皇極天皇がこの事件のあとなぜ譲位をしたかの説明が『日本書紀』に書かれていないのが不思議です。なにしろ、それまで、生前譲位の前例はなかったのですから。

しかし、あえて推察すれば、このころ中国の制度への理解も深まり、外国では帝王の譲位とか臣下への禅譲《ぜんじょう》もあるぞということが知られるようになり、日本でも取り入れてはどうかという意見が出ていたことでしょう。つまり、皇極天皇に古人大兄皇子に譲位しろとか、もしかすると、蘇我氏に禅譲したらという声まで出ていたとしてもおかしくありません。

そうだとすれば、このタイミングでクーデターを起こして、蘇我蝦夷・入鹿父子を除《のぞ》かないと、皇極天皇の実子である中大兄皇子を帝位につけるのが難しくなるわけです。そういう状況ですから、皇極天皇も計画に参加していた可能性も排除できません。

いずれにせよ、入鹿暗殺事件を受けて、皇極天皇は譲位の意思を示し、中大兄皇子に即位を勧めます。もともと、蘇我入鹿から古人大兄皇子への譲位を打診されていたのでなければ、そういう発想は出てこないと思うのです。

しかし、相談を受けた中臣鎌足は、叔父の孝徳天皇（軽皇子《かるのみこ》）に譲ることを勧めます。生前譲位だけでも前例がないのに加え、若い天皇、しかも予定外に入鹿暗殺で自ら手を下したとなると、反発が強すぎると思ったのでしょう。

その孝徳天皇は古人大兄皇子が舒明天皇の長子なのだからと遠慮しますが、古人大兄皇子は、クーデターを実行した勢力が自分を受け入れてくれるはずもないと思っていますから、恐怖のあまり出家《しゅっけ》して逃げ出してしまいます。そこで、孝徳天皇が即位し、中大兄皇子が皇太子になったのでしょう。別に、孝徳天皇が政変の本当の黒幕《くろまく》だなどと無理な推測をする必要はありません。

皇極天皇の派手好きと権力欲

入鹿暗殺計画には、かなりの規模の人の参加があり、幅広い支持基盤があったと言えます。なにより蘇我馬子の孫で蝦夷の甥である倉山田石川麻呂《くらのやまだのいしかわのまろ》が参加し、新政権で右大臣《うだいじん》になっていますし、その兄弟の赤兄《あかえ》は、壬申《じんしん》の乱の際の近江朝廷において人臣最高位の左大臣でした。

つまり、蝦夷・入鹿排除であっても、蘇我一族排除ですらなかった。むしろ、蘇我一族の没落は、一族の長老の蘇我赤兄が左大臣として敗軍の責任者だった壬申の乱の結果だと言えるかもしれません。

なお、女系についていえば、倉山田石川麻呂の孫に持統天皇や元明《げんめい》天皇がいます。さらに石川麻呂の弟の連子《むらじこ》の娘が藤原不比等の最初の正室でしたので、藤原摂関《せっかん》家もその子孫です（164ページ系図参照）。

いずれにせよ、蘇我氏ですらこんなわけですから、ほかの有力豪族もおしなべて中大兄皇子側についたようで、入鹿が上宮王家を滅ぼしたときに蝦夷自身が心配したように、起きるべくして起きた事件というのが当時の人々の受け取り方だったのではないでしょうか。

孝徳天皇は、いわゆる「大化の改新」を行います。前例のない譲位をした皇極天皇は皇祖母尊《すめみおやのみこと》となり、中大兄皇子が皇太子、左大臣が阿倍内麻呂《あべのうちまろ》（倉梯麻呂《くらはしまろ》）、蘇我石川麻呂が右大臣、中臣鎌子《かまこ》（藤原鎌足）が内臣《うちつおみ》となりました。

治世は9年続き、大規模な難波長柄豊碕宮《なにわのながらのとよさきのみや》を造営し遷《うつ》ります。しかし、653年、中大兄皇子は倭京《わきょう》（飛鳥《あすか》）への還都を提案します。孝徳天皇がこれを拒否したにもかかわらず、上皇《じょうこう》やなんと孝徳天皇の皇后である間人皇女《はしひとのひめみこ》（中大兄皇子の同母妹）も群臣も一緒に出発して、残された天皇は失意のなかで崩御しました。

そして、皇極上皇が、655年に重祚《ちょうそ》（天皇が退位したのち再び位につくこと）し、［第37代］斉明《さいめい》天皇となりました。

どうして、ここでも天智天皇が即位しなかったかですが、孝徳天皇を強引な政局運営で死に追いやったことへの反発が強かったということもあるかもしれませんし、孝徳天皇が亡くなった時点でも中大兄皇子はまだ29歳でしたから、即位するには、異例の若さでもありました。

ただ、別の見方をすると、皇極天皇という女性が非常にわがままで重祚を望んだのかもしれません。難波長柄豊碕宮から倭京への退去も、自分の娘である皇后まで連れてというのは、母親がゆえの強引さあってこそでしょう。

皇極天皇は飛鳥板蓋宮《いたぶきのみや》を建設し、以後、ここが藤原《ふじわら》京の建設されるまで倭京といわれる固定された宮の場所になっています。また、斉明天皇は重祚してからも盛んに宮殿を造ったり派手な儀式空間を創る工事を繰り返しています。

東北地方や朝鮮半島でも強気の外交を展開しましたが、これらも、中大兄皇子らの意見でなく、派手好きな女帝の意向だった可能性もあります。

天智天皇こそ天皇家中興の祖というのが常識だった

天皇陛下が、お墓参りで特別に大事にされるのは、大正天皇、昭和天皇と神武天皇です。皇室にとって中興《ちゅうこう》の祖である明治天皇が入らないことに私は納得できませんが、昭和天皇のときは大正天皇、明治天皇という父親と祖父を特別扱いしていたのであるから、今上陛下にとっては同じように昭和天皇と大正天皇でいいのであって、とくに明治天皇を中興の祖として配慮する必要はないということらしいのです。

歴代天皇の陵墓は、宮内庁書陵部《しょりょうぶ》が管理し、祭祀《さいし》を欠かさないようにしています。しかし、これらは、中世にはすっかり廃《すた》れていたのを国学《こくがく》が盛んになって山陵《さんりょう》を整備し、祭祀も復活したのです。それまでは、火葬にして京都市東山区の泉涌寺《せんにゅうじ》に仏式で埋葬する時代が長く続いていました。

平安時代には十陵《じゅうりょう》といったものが選ばれて、即位を報告したり、年末に全国から来る収穫物を幣物《へいもつ》として奉り霊を祭る儀式が行われたりしていましたが、だんだん固定化して、たとえば天智、光仁《こうにん》、桓武《かんむ》、崇道《すどう》（早良《さわら》皇子）、仁明《にんみょう》、光孝《こうこう》、醍醐《だいご》の各帝に祖母など3人の女性を加えたものを十陵としていました。

つまり、大化の改新を実行した天智天皇を中興の祖と見て大事にしていたので、神武天皇すら昔のことだとして無視されるほどでした。

百人一首《ひゃくにんいっしゅ》冒頭の歌は「秋の田の かりほの庵《いほ》の 苫《とま》をあらみ 我が衣手《ころもで》は 露《つゆ》にぬれつつ」という天智天皇の御製《ぎょせい》です。鎌倉時代の藤原定家《さだいえ》がこういう位置づけをしたことからも「大帝《たいてい》」として中世の人が意識していたことが分かります。

それを記念して正月には「高松宮記念杯近江神宮全国歌かるた大会」が天智天皇を祭神とする近江神宮で開催されます。

ところが、戦後になると天智天皇や大化の改新の価値への疑念が強くなり、天武天皇こそ律令《りつりょう》国家の建設者だと言う人が出てきます。人と違うことを言わないと本も売れませんから変わったことを言いたがるのです。

『日本書紀』は政治的な意図で書かれ、大化の改新、天智天皇、藤原鎌足を実際より偉大に見せたのだというのです。しかし、天武天皇の子である舎人皇子《とねりのみこ》が『日本書紀』の編纂者です。普通には、天武天皇のことを誉めるはずなのですが、むしろ、天武天皇の権威を大帝である天智天皇の正統な後継者として認めて欲しいといったニュアンスなのです。

天智天皇のあとは皇太子だった天武天皇（大海人皇子《おおあまのみこ》）のはずでしたが、天智天皇は弘文《こうぶん》天皇（大友皇子《おおとものみこ》）を、その母の身分が低いので普通には天皇の候補にはなりにくいにもかかわらず、取り立てようとし、その身の安全が不安になった天武天皇は吉野《よしの》に退き、これが、天智天皇死後の壬申の乱に結びつきます。

天武天皇のあとは、皇后（持統天皇）を母とする草壁皇子《くさかべのみこ》がまだ25歳だったので皇后が称制《しょうせい》の形で政務をとって皇子の成長を待ったのですが、３年後に急死したので、持統天皇が即位します。

持統天皇は草壁皇子の忘れ形見である文武《もんむ》天皇が15歳になるや、強引に前例のない少年への譲位をしました。この継承を文武天皇の母であり、我が子の死後に後継天皇となった元明《げんめい》天皇は、即位宣命《せんみょう》において「持統天皇は文武天皇に位を譲りともに天下を治めたが、これは天智天皇が永遠に改まることのない不改《かわるまじき》常典《つねののり》による政治をしようということだと承知して誰しもが仕《つか》えてきたのである」と正当化しました。

困ったことにこの不改常典の意味が不明で、嫡系《ちゃくけい》継承優先とか、母子共治、つまり、嫡子が若ければ母か祖母がともに治めるようにすることとか、いろんな解釈があるのですが、いわゆる天武朝――つまり、天武、持統、文武、元明、元《げん》正《しょう》、聖《しょう》武《む》、孝謙《こうけん》、淳仁《じゅんにん》、称徳《しょうとく》（重祚）という系譜が、天智天皇の正統な継承者として自らを正当化していることは確かで、天武天皇が天智天皇と並ぶような特別の存在だったとはとうてい思えません。

また、奈良時代の孝謙上皇は詔《みことのり》で「私の母である光明皇后は岡宮《おかのみや》天皇（草壁皇子）の皇嗣《こうし》は絶えようとしていることを心配していた」というようなことを書いており、天武・持統の夫婦ワンセットで天智の後継者だったということなのではないでしょうか。

第8章

藤原一族の正体

Q．不比等は律令国家の建設者か？

A．橘三千代夫人の夫だから出世しただけ

茨城県鹿島生まれという説もある藤原鎌足

歴史上の有名人というのは、だいたい、都かその周辺の生まれです。ですから、地方へ行くとなかなか地元出身の歴史的有名人が少ないのです。そんななかで例外は、戦国武将で、これはさすがに全国各県に必ず有名人がいます。

ほかでは、詳細が不明なことをいいことに、もしかして、という可能性を求めがちです。足利尊氏《あしかがたかうじ》は、普通に考えれば鎌倉《かまくら》ですが、丹波《たんば》の綾部《あやべ》には母親の実家の領地である上杉荘《しょう》での生誕伝説がありますし、栃木県の足利市もかすかな可能性をあきらめきれていません。

しかしながら、隣の茨城県には超大物の伝承があります。藤原鎌足《ふじわらのかまたり》について、常陸鹿島《ひたちかしま》の生まれという記事が平安時代後半の『大鏡《おおかがみ》』にあるのです。ただし、奈良時代に藤原仲麻呂《なかまろ》（恵美押勝《えみのおしかつ》）が編纂した藤原氏の正史である『藤氏家伝《とうしかでん》』には、大和国高市《たかいち》郡藤原（橿原《かしはら》市）の生まれとしています。ちなみに藤原京は藤原氏に敬意を表して名付けられたのではなく、地名が賜姓《しせい》のときに採用されただけです。

ここはやはり大和のほうが可能性は高そうですが、どうして、鹿島の話が出てきたかと言えば、理由はあります。鹿島神宮はその祭神が春日大社《かすがたいしや》にも祀られているように、中臣《なかとみ》氏と深いつながりがあり、その権威を高めるために創り上げた伝説を、『大鏡』の作者が採用したということだと思います。

もちろん、鎌足の父親が鹿島に行ったことがあって、そのときに生まれたという可能性もあり得なくもありませんが、史料の扱いとして、やはり『藤氏家伝』のほうが正史で、かつ古いのですから、よほどの傍証《ぼうしょう》がない限り後世の文書を信じる理由はありません。

さらに、鎌足の正体は、百済《くだら》王子で日本に滞在し、白村江《はくすきのえ》の戦いで敗れた豊《ほう》璋《しょう》だという説もありますが、そんなことなら隠せるはずありませんし、第一、『日本書紀』は、豊璋を好意的に書いているわけでもありません。

鎌足の息子の不比等《ふひと》は一般の歴史ファンにとっては、あまり目立たない人物でしたが、戦後になって律令《りつりよう》政治を作り上げたスーパーマン、『日本書紀』の真の作者のように言われ出しました。私は、これも全面的に否定したいと思います。

藤原氏の天下は平安時代になってから

万世一系の天皇家も世界史の奇跡ですが、そのもとで、実際の政務を藤原摂関《せっかん》家がとり続けたというのも同じくらい驚異です。

北宋《ほくそう》の太宗《たいそう》のもとに奝然《ちょうねん》という、のちに嵯峨清涼寺《さがせいりょうじ》を開基《かいき》した日本人僧侶が訪れ謁見《えっけん》したとき、太宗は、日本国王が一姓の世襲であり、臣下もすべて世襲の官だと聞いて「日本は島国の夷《えびす》に過ぎない。だが、国王の位は久しきにわたって世襲し、その臣もまた親のあとを継いで絶えることがない。これこそ古《いにしえ》の理想の道と称すべきであろう。ひるがえって中国は、唐《とう》の末の乱よりこのかた、天下の諸地方は分裂し、5代の王朝は天命を享《う》けて世を治めること特に短期間で、大臣や名家であとを継ぎ得たものは少ない」と言って、日本を誉めました。

明治維新のときの王政復古《おうせいふっこ》で幕府と一緒に摂関制度も廃止になりました。しかし、明治18年までは三条実美《さねとみ》が太政大臣《だじょう》として政府の頂点にありました。その後も、西園寺公望《さいおんじきんもち》や近衛文麿《このえふみまろ》が何度も宰相をつとめ、戦後にあっても近衛文麿の孫である細川護熙《もりひろ》が首相だったのですからたいしたものです。

その藤原氏の発展については、だいたい、学校での日本史の授業などを通じて次のような大雑把なストーリーが脳裏に焼き付いて理解されているのではないでしょうか（数字は鎌足から数えた世代数です）。

「①鎌足の子である②不比等が、持統《じとう》天皇のもとで律令体制を完成させて『日本書紀』も自分たちに都合がいいように書かせ、③娘の光明子《こうみようし》を皇后に送り込んだ。そののち、伝染病によって不比等の子供たち四兄弟が死に絶えるほか、④南家《なんけ》の仲麻呂（恵美押勝）が怪僧道鏡《どうきよう》との政争に負けて滅びるなど試練があった。そして、平安遷都を実現してほどなく嵯峨天皇の下で⑥北家《ほつけ》の冬嗣《ふゆつぐ》が他の貴族を圧倒し、⑦良房《よしふさ》の時には摂関制を完成させ、⑫道長《みちなが》のときには栄華の絶頂に立った」

しかし、この説明はおかしいのです。藤原氏が名実ともに他の豪族を圧するようになったのは、第7世代になって、摂関制が確立してからなのです。

そもそも、鎌足も不比等も過大評価されています。大化の改新から藤原氏が天皇家に代わって日本を牛耳《ぎゆうじ》るようになったと考えている人が多いのですが、根本的な勘違いだと思います。

まず鎌足ですが、死の直前になって大織冠《だいしょくかん》、内大臣となり、藤原の姓を天智天皇から授かったといいますが、果たして「最高位」なのでしょうか。たしかに大織冠という官位は鎌足以外に例はないのですが、官職を見れば、鎌足が死んですぐあとに蘇我赤兄《あかえ》が左大臣、中臣氏の代表として鎌足を継いだ従兄弟の中臣金《かね》が右大臣になっていますので、異例中の異例というほどではありません。

姓を賜《たまわ》るのも、源平藤橘《げんぺいとうきつ》しか姓はないと誤解されるのでたいへんなことと受け取る人がいますが、菅原《すがわら》とか大江《おおえ》とか清原《きよはら》だって同じように天皇から下賜《かし》された姓です。

藤原鎌足（中臣鎌子《かまこ》）については、『日本書紀』では、蘇我入鹿を排除するクーデターを企画し、中大兄皇子に法興寺《ほうこうじ》での蹴鞠《けまり》を機に近づき、皇子に蘇我倉山《くらやま》田石川麻呂《だのいしかわのまろ》の娘・遠智娘《おちのいらつめ》（持統天皇の母。のちに倉山田麻呂が誅《ちゅう》されたときに発狂）を娶《めあわ》せて仲間に入れるなどして成功させたことが詳しく語られています。

しかし、そのあとは、大津京で天智天皇と天武天皇（大海皇子《おおあまのみこ》）が喧嘩したときに仲裁して天武天皇が殺されそうなのを止めたということくらいです。

これは、鎌足の役割が外交や制度改革、それに軍人としての活動を含めた表舞台より、陰謀を図ったりするなど社長室長的な裏の政務に限定されていたからではないでしょうか。その意味で、現代の日本人がもつイメージほど重要な地位を占《し》めていたのではないと思うのです。

しばしば、大化の改新について藤原不比等が父である鎌足を強調するために粉《ふん》飾《しょく》したと言う人がいますが、『日本書紀』で大化の改新の制度改革についての鎌足の功績など何も書いていませんから成り立ち得ない説です。

それほどの実力者でなかった藤原不比等

NHKのドキュメンタリー番組「プロジェクトX」は、それぞれのテーマの関係者からはたいへん評判が悪かったのです。サクセス・ストーリーを裏方《うらかた》の1人だけの功績だったと言わんばかりにすることが、関係者の間で諍《いさか》いの種になったからです。

さまざまな人々の仕事を1人にまとめた方が視聴者に分かりやすいのは演出上のテクニックとしては理解できますが、関係者にとっては迷惑な話です。歴史の世界でもこうした「プロジェクトX」的な史観が流行っています。あまり有名でない人物が、実はキーパーソンだったという筋書きはとても受けるのです。戦国史では吉川英治『新書太閤記《たいこうき》』以来の石田三成、幕末史では司馬遼太郎の『竜馬がゆく』からの坂本龍馬のクローズアップがそうですが、古代史では京都大学の上山春平《うえやましゅんぺい》による藤原不比等の再評価でしょう。

上山は『神々の体系』『埋もれた虚像』といった一連の著作で、不比等を律令国家形成の立役者だとし、皇位についても持統天皇から文武《もんむ》、元明《げんめい》、元正《げんしょう》、聖武《しょうむ》への巧妙な継承はすべて不比等がシナリオを書き、平城京《へいじょう》への遷都、『日本書紀』の編纂もすべて彼の指導で行われたとしたのです。

ただし、上山は自分の説を「極端な少数説」と控《ひか》えめだったのですが、あまりにも面白いので歴史愛好家のあいだでは、定説のように扱われています。

京都大学系の人はこういうお話は好きですし、また、誰かが言い出すとその説を互いに批判しないことが多く、なんとなく、京都学派説のようになってしまう傾向がありますが、これもそのひとつです。

しかし、この説は、ほとんど小説の世界のように思えます。なにしろ、正史の世界ではほとんど後づけられないわけですし、皇室の歴史における天武天皇の重視の場合と同様に、後世の藤原氏によって不比等が一族の繁栄の基を築いたスーパーマンとして崇敬《すうけい》の対象となっていたわけでもないのです。

私は不比等をそれほど重要人物とは思いません。むしろ、本当の実力者だったのは後妻だった橘《たちばなの》三千代《みちよ》と光明皇后という２人の女性だったと見ています。そう見た方がよほどすべてを説明できるからです。

不比等の母親とされるのは、車持与志古娘《くるまもちのよしこのいらつめ》とか鏡王女《かがみのおおきみ》などといわれますが詳細は不明です。もともと天智天皇の夫人の１人で妊娠していたのを鎌足に下賜されたともいいますが、真偽はまったく分かりません。

鎌足の死のときに不比等は11歳で、壬申《じんしん》の乱では近江朝廷側にいたようですが、子供のことですからとくに処罰はされませんでした。しかし、中臣一族の多くがこの乱で没落しましたので、キャリアのスタートは厳しいものでした。

はじめて重要ポストに任官されるのは31歳だった６８８年に従五位下《じゅごいのげ》となったときです。その後、鳴かず飛ばずでしたが、６９７年に持統天皇から文武天皇への譲位に際し活躍して表舞台に出ました。それと相前後して、文武天皇の乳母《うば》だったといわれる県犬養《あがたいぬかいの》三千代（のちの橘三千代）と結ばれ、大宝《たいほう》律令の編纂に関与するようになりました。

このころ文武天皇は何人かの女性を入内《じゅだい》させましたが、石川刀子娘《いしかわのとすのいらつめ》と紀竈門娘《きのかまどのいらつめ》とともに不比等の娘・宮子《みやこ》も含まれていました。別に皇后候補ということではありません。この宮子は701年にのちの聖武天皇（首皇子《おびとのみこ》）を生むのですが、同時に精神に異常を来たし軟禁《なんきん》されてしまいます。

文武天皇は病弱で、皇后になるべき皇族の夫人を迎えることも、ほかの子も得ることなく707年に崩御しますが、これ以降は不比等が将来の天皇候補としての首皇子の外祖父《がいそふ》として一定の存在感を示します。

つまり、天武天皇の皇子やほかの孫たちを即位させずに女帝でつないで、草壁皇子《くさかべのみこ》の直系である首皇子をできるだけ早く即位させたいという勢力の一員として行動したわけです。

しかし、天智天皇の皇女であり文武天皇の母である元明天皇の即位は、文武天皇自身が病弱なため生前に母に譲位を申し入れていたほどですから順当なところでしたし、その後の元正天皇への譲位も英明だった元明天皇の意向によるもので、不比等が大活躍してというものでもありません。

聖武天皇の後宮に、自分と橘三千代との娘である光明皇后を入れたのも、それ自体はたいしたことではありません。臣下として異例の皇后に抜擢《ばってき》されたのは、不比等が死んでから９年もあとのことで、不比等の力とは関係ありません。

『日本書紀』の編纂にとくに深く関わったという根拠も見出せません。

こうして考えると、たしかに、文武天皇から元明天皇、そして元正天皇の初期にあって最高実力者の１人であったことは事実ですが、独裁権力を振るったというほどではないように思えます。とくに、この時期には、不比等以外に藤原一族の有力者はいないわけで、その意味でも、権力の独占は無理です。

娘を皇后にした橘三千代の腕力

橘三千代の名は、法隆寺にある橘夫人の念持仏《ねんじぶつ》が納められた厨子《ずし》でも知られています。白鳳《はくほう》時代の美しく清らかな阿弥陀三尊《あみださんぞん》で、国宝です。

三千代は県犬養東人《あずまびと》という中級貴族の娘で６６５年ごろに生まれ、６５９年生まれの藤原不比等より数歳年下とみられています。最初は美努王《みぬおう》という敏達《びだつ》天皇系の傍系《ぼうけい》皇族と結婚して、葛城王《かつらぎのみこ》（のちの橘諸兄《たちばなのもろえ》）などを生みました。

天武天皇の宮中に文武天皇の乳母として上がったことから、その母である元明天皇（草壁皇子妃）や持統天皇の信頼を得て、宮中の大実力者となりました。美努王が大宰帥《だざいのそち》として赴任したときにも宮廷に留まって離別し、中堅官僚だった不比等と再婚したようです。このあたり何が原因で何が結果かは不明です。

三千代は、不比等と賀茂比売《かものひめ》の娘だった宮子を文武天皇のもとに入内させ、宮子は701年に聖武天皇を生みました。この同じ年に、三千代は不比等とのあいだに35歳を越える高齢出産で光明子を得て、これをのちに聖武天皇のもとに入内させます。

即位直後の元明天皇から708年に橘宿禰《たちばなのすくね》姓《せい》を賜っています。そして、平城遷都のあと715年に元明天皇は独身の娘である元正天皇に譲位しています。すでに聖武天皇が15歳になっていましたから、文武天皇の前例もあり直接の継承もあり得たのですが、元明天皇は自分の死後に聖武天皇を支える上皇《じょうこう》としての資格を元正天皇に与えるためにこの譲位をしました。

三千代は成人した娘の光明子を入内させ、のちの孝謙《こうけん》天皇が生まれ（718年）、夫の不比等は死去しましたが（720年）、聖武天皇の即位（724年）ののちには基皇子《もといのみこ》を得て（７２７年）、基皇子は２ヵ月後には立太子《りったいし》されました。

不比等の死後は、文武天皇や元正天皇の同母姉妹の吉備《きび》皇女を正室とし、藤原不比等の娘を第二夫人とする長屋王《ながやおう》が政権を担っていましたが、基皇子が夭折《ようせつ》したことで、一気に長屋王と吉備皇女の皇子たちが聖武天皇の後継天皇の有力候補になってしまいました。このため、聖武天皇夫妻とともに三千代は自分の孫である孝謙天皇への皇位継承を実現するために、長屋王が邪魔になってきました。基皇子の死に、長屋王の呪詛《じゅそ》があったのではと疑ったかもしれません。

一方、権勢を振るい贅沢《ぜいたく》な生活をしていた長屋王への反発はかなり強くなっていました。そこで元使用人からの「密かに左道《さとう》を学びて国家を傾《かたむ》けんと欲す」という讒言《ざんげん》をきっかけに長屋王は追討を受けて、藤原不比等の娘やその子供たちを別にして、吉備皇女やその子供たちも含めた一族のほとんどが死んでしまいます（７２９年）。このとき、すでに元明上皇は亡くなっていましたが、元正上皇は存命でしたから、さぞ、辛い思いをしたことでしょう。

そして、三千代たちは、光明子を少なくとも仁徳《にんとく》天皇の時代以降で初めての臣下出身の皇后として押し込み、不比等と蘇我馬子の曾孫とみられる蘇我娼子《しょうし》

（式家祖《しきけそ》）とのあいだに生まれた藤原武智麻呂《むちまろ》（南家祖《そ》）、房前《ふささき》（北家祖）、宇合《うまかい》（媼子《おんし》）と不比等の異母妹を母とする麻呂《まろ》（京家祖《きょうけ》）の藤原四兄弟を政務の中心に抜擢し、美努王との子である橘諸兄も従三位左大弁《じゅさんみさだいべん》にして、光明皇后を支える藩屏《はんぺい》としたうえで733年に死去しました。

この彼女の一生を振り返れば、不比等などよりはるかに重要な役割を果たしたキーパーソンと見えるのですがいかがでしょうか。

日本の則天武后を意識した光明皇后

中国人が日本を評価する理由のひとつに、唐《とう》の文化をいまに残しているということがあります。仏教が盛んだとか、日本人がシルクロードや漢詩といった唐文化の精華《せいか》を愛し、奈良の社寺《しゃじ》や正倉院御物《しょうそういんぎょぶつ》といったところに大唐文化の最良の遺産が残っているがゆえです。

奈良の社寺の建築や仏像は、その当時の世界でトップクラスの水準のものでした。東大寺《とうだいじ》の大仏に匹敵するものは唐にもありません。正倉院の御物が散逸《さんいつ》することなく、また、由来《ゆらい》について詳細な記録付きで、かつ、最高の保存状態にあることは、中国人も非常に感謝するところです。

そうした奈良の文化財を残し、また、日本全国に大唐帝国文明の粋《すい》を行き渡らせた最大功労者は、橘三千代の娘である光明皇后です。その精神が雄渾《ゆうこん》だったことは、彼女の書を見ても分かります。正倉院には、王羲之《おうぎし》の『楽毅論《がっきろん》』を模写したものと、実用的な文例集を自由に書いた『杜家立成雑書要略《とかりつせいざつしょようりゃく》』が残されていますが、意思の強さが反映された傑作です。

聖武天皇と光明皇后は、奈良に大仏を建立し、諸国に国分寺《こくぶんじ》や国分尼《に》寺を創建させました。大仏は、日本人にとって国家統合の象徴です。源平《げんぺい》時代に平重衡《たいらのしげひら》によって焼かれましたが（大仏も蓮華《れんげ》を除き溶解）、源頼朝《みなもとのよりとも》は天下を取ってすぐに再建し、歌舞伎の「勧進帳《かんじんちょう》」にあるように、全国の人々が献金しました。松永久秀《まつながひさひで》が焼いたあとも（大仏は頭部が落ちただけ）、豊臣秀吉はそれに代わるべき大仏を京都に建立しました。また、徳川綱吉《つなよし》の母である桂昌院《けいしょういん》が中心になって奈良の大仏殿を再建しました。

日本人はすぐに豪華な公共建築や宗教施設を無駄だと言いたがりますが、バチカンのサン・ピエトロ寺院、メッカの神殿、タージ・マハル、紫禁城《しきんじょう》、国連本部など、それが立派で美しいからこそ人々の心を結びつけるのです。

また、ソフトとハード両方の文化を全国へ伝播《でんぱ》させるために、全国に文化センターとしての役割も兼ねて国分寺を建設したことがいかに大きな役割を果たしたかも言うまでもありません。同じものを全国に一斉につくるというのは、とりあえずは効率の良い文化政策なのです。

光明皇后はまた、貧しい人に施《ほどこ》しをするために「悲田院《ひでんいん》」、病人には「施薬院《せやくいん》」を設置する、あるいは、街路樹を桃《もも》や梨《なし》の木にするなど慈善《じぜん》事業を熱心にしました。それ自体でどれだけの人が救われるかはしれたものでしょうが、皇后がみずからそういうことをすれば、必ず全国の施政《しせい》者や富豪《ふごう》がまねることになるわけで、大きな波及効果が期待できます。

光明子が事実上、はじめての臣下出身皇后になったのは、やはり、本人の優れた資質が決め手だったと思います。光明子が皇后になったのに匹敵する皇室革命といえば、1200年後に、美智子さまが旧華族《かぞく》ですらない身分から皇后となられたことですが、この大胆なご成婚への高い評価が、本人の資質と努力に大きく依存しているのと似たものがあります。

文化事業や慈善事業への評価はともかくとして、光明皇后は豪腕《ごうわん》の政治家でもありました。すでに書いたように、母である橘三千代の晩年には皇后にとって異母兄である藤原四兄弟が政務を仕切りました。

しかし、彼らは737年の疫病で全員亡くなります。天然痘《てんねんとう》でした。この疫病は四兄弟だけでなく、ほとんどの殿上人《てんじょうびと》の命を奪い、残ったのは、三千代が若いころに美努王とのあいだに授かった橘諸兄（葛城王）くらいでした。

この橘諸兄が、聖武天皇の残りの治世から749年に即位した孝謙天皇の治世の前半を支えました。この橘諸兄は格段に優れた政治家だったとはいえませんが、バランス感覚は良く、元正上皇からはとくに気に入られていたようです。

また、このころ、聖武天皇の安積皇子《あさかのみこ》が死にます。母は橘三千代の姪《めい》ともいわれる県犬養広刀自《あがたいぬかいのひろとじ》でした。もっとも、皇位継承は、母の実家の格が低いので簡単ではなかったと思います。しかし、有力候補ではありましたから、その死で来たる孝謙天皇の次は誰かという争いが激化することが予想されました。

そうしているところに、元正上皇が崩御します。これを受けて、聖武天皇が出家して孝謙天皇に譲位します。このころ、聖武上皇は体調も悪く、光明皇太后がむしろ独自の動きをするようになっていました。

皇太后は皇后宮職を紫微中台《しびちゅうだい》と改め、ある種の院政《いんせい》の中心となる役所とし、長官である紫微令《しびれい》に、大納言《だいなごん》藤原仲麻呂を任じました。仲麻呂は皇太后の甥《おい》にあたり、学があって、中国の制度にも外交にも通じ、性格も剛毅《ごうき》で皇太后に気に入られました。このころになると、留学生などの土産話《みやげ》も聞く機会が多かったはずですから、光明皇太后は唐の則天武后《そくてんぶこう》を意識していたはずです。

橘諸兄の失脚と藤原仲麻呂の台頭

聖武天皇は756年に崩御しましたが、それに先立ち、橘諸兄が皇位継承問題について軽率な発言をしたらしく、それを口実に叱責され引退を余儀なくされました。上皇は、遺言で太子として天武天皇の新田部皇子《にいたべのみこ》(母は藤原鎌足の娘)の子である道祖王《ふなどおう》を指名しました。

このとき、天武天皇の皇子たちのうち新田部皇子、舎人皇子《とねりのみこ》の子供たちが候補でした。そのうち、舎人皇子の母は新田部皇女《ひめみこ》(天智天皇の娘)で、皇子は『日本書紀』の編纂責任者として知られます。新田部皇子の母は藤原鎌足の娘・五百《いお》重娘《えのいらつめ》です。皇子の旧宅が現在の唐招提寺《とうしょうだいじ》です。

このうち、本来の第一候補は、新田部皇子の子の塩焼王《しおやきおう》で聖武天皇の不破皇女《ふわのひめみこ》の娘婿《むこ》でした。不破皇女の母は県犬養広刀自で、井上皇女《いのえのひめみこ》・不破皇女・安積皇子を生んでいます。

ところが、原因はよく分からないのですが、聖武天皇の勘気《かんき》に触れて伊豆《いず》に流されたこともあり、候補から外れました。弟の道祖王が無難だとして太子に指名されたのですが、「聖武の喪中《もちゅう》であるにもかかわらず侍童《じどう》と姦淫《かんいん》をなした」「先帝への服喪《ふくも》の礼を失した」「宮中の機密を巷間《こうかん》に漏らした」「天皇がたびたび戒《いまし》めても態度が改まらなかった」「夜中に勝手に東宮《とうぐう》を脱け出して私邸に戻ったりした」「自ら自分は愚か者で皇太子の重責には耐えられないと言った」などという理由で翌年には廃太子《はいたいし》となってしまいました。

政治的な思惑もあったでしょうが、素行が良くなかったのも本当なのでしょう。そして、後任に舎人皇子の子の淳仁《じゅんにん》天皇（大炊王《おおいおう》）が選ばれました。母は当麻真人山背《たぎまのまひとやましろ》で無名でしたが、藤原仲麻呂の嫡男でありながら若くして亡くなった真従《まより》の未亡人・粟田諸姉《あわたのもろえ》の再婚相手で、仲麻呂の庇護《ひご》下にありました。

天智・天武の子孫たち

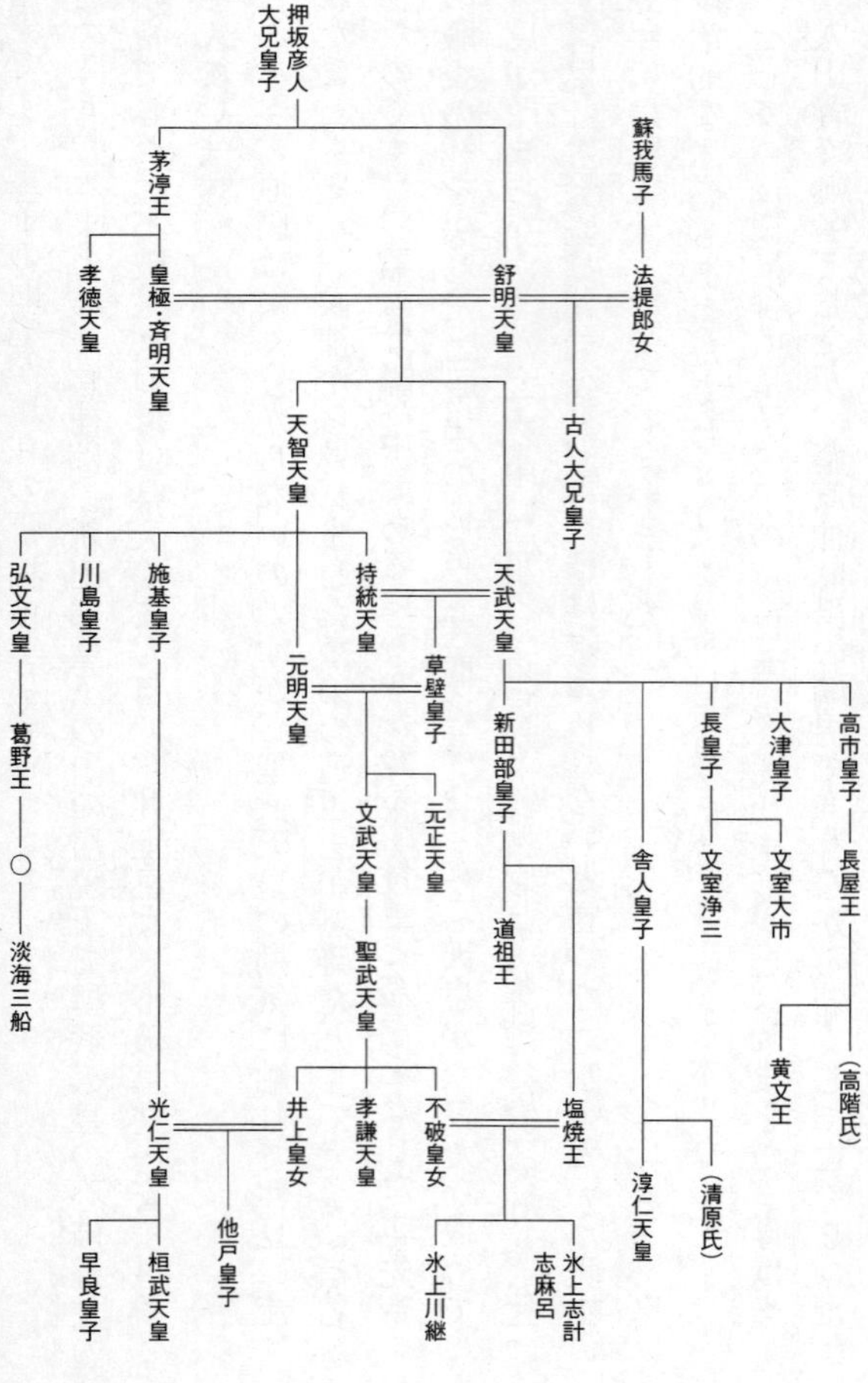
押坂彦人大兄皇子
茅渟王
蘇我馬子
孝徳天皇
皇極・斉明天皇
舒明天皇
法提郎女
天智天皇
古人大兄皇子
弘文天皇
川島皇子
施基皇子
持統天皇
天武天皇
元明天皇
草壁皇子
新田部皇子
長皇子
大津皇子
高市皇子
葛野王
○
淡海三船
文武天皇
元正天皇
聖武天皇
道祖王
舎人皇子
文室浄三
文室大市
長屋王
黄文王
(高階氏)
光仁天皇
井上皇女
孝謙天皇
不破皇女
塩焼王
淳仁天皇
(清原氏)
早良皇子
桓武天皇
他戸皇子
氷上川継
氷上志計志麻呂

しかし実際は、淳仁天皇にしてもほかの皇子たちにしても、資質も母や祖母の出自ももうひとつで、決め手がありませんでした。そこで、あの冤罪《えんざい》で殺された長屋王と藤原不比等の娘とのあいだに生まれた黄文王《きぶみおう》や安宿王《あすかべおう》まで野心を持ち出し、彼らが橘諸兄の嫡子である奈良麻呂《ならまろ》と組むなど頻繁に陰謀も露見《ろけん》します。

また、光明皇太后や孝謙天皇は、草壁皇子の血脈保持を願っていたはずで、その意味では、光明皇太后の母・三千代の姪か何かである県犬養広刀自が生んだ、井上皇女・不破皇女の子孫にこだわりを持ってもよさそうなものですが、それもどうでもいいようでした。光明皇太后や孝謙天皇が、県犬養広刀自を嫌ったのかもしれません。

橘諸兄の嫡男だった奈良麻呂は、聖武天皇のころから長屋王の遺児《いじ》・黄文王の担《かつ》ぎ出しを画策していました。どうしてかはよく分かりません。よくこれを橘一族がアンチ藤原氏で動いたと解説する人がいますが、黄文王の母は藤原不比等の娘ですし、奈良麻呂の母も不比等の別の娘ですから、アンチ藤原氏というくくりをすることは無理で、個人の好き嫌いの問題でしょう。

諸兄の死の年（757年）における奈良麻呂の動きはそれまでより大規模なも

ので、浅はかな陰謀で片付けられるものではありませんでした。それでも、関係者の尋問にあたった仲麻呂の兄である右大臣・藤原豊成《とよなり》はことを荒立てずに収容しようとしましたし、いったん、光明皇太后や孝謙天皇が、塩焼王、安宿王、黄文王、橘奈良麻呂、大伴古麻呂《おおとものこまろ》たちに謀反などしないように諭《さと》して終わるかと見えました。

しかし、仲麻呂は関係者を杖《つえ》で打ち据《す》える拷問《ごうもん》にかけて、陰謀の全容を明らかにしました。拷問は何人もを死に至らしめるほど苛烈《かれつ》なものでした。

このとき、奈良麻呂も獄死《ごくし》したとみられていますが、その家族については、それほど過酷な処分をされなかったのは、やはり、橘三千代の実家であることも考慮されたのでしょう。

こうして、関係者は一斉に処分され、仲麻呂の独裁政権ができあがります。しかし、なんとも皮肉なのは、結局は、藤原仲麻呂は7年後に失脚して一族はほぼ根絶やしにされた一方、奈良麻呂の孫娘である橘嘉智子《たちばなのかちこ》が嵯峨天皇の皇后となることで現皇室にもＤＮＡを伝えていることです。

「恵美押勝の乱」でなく仕掛け人は孝謙上皇

橘奈良麻呂の乱で抵抗勢力を一掃《いっそう》した藤原仲麻呂は、国家改造を一気に進めます。自らも恵美押勝《えみのおしかつ》という名前に改称し、役所の名前なども太政大臣を大師《たいし》とするなど何から何まで唐風《とうふう》に改めます。

仲麻呂がこうした路線を進められたのは、やはり、光明皇太后の支持あればこそでしょう。あの雄渾な墨跡《ぼくせき》を残した皇太后にとって、この路線はうれしいものだったに違いありませんから。

奈良麻呂の乱で反対派が一掃されたのを機に、その翌年の758年には、先述のように大炊王が即位しました。淳仁天皇と呼ばれますが、これは、明治になってつけられた諡号《しごう》で、それまでは歴代に数えられず、淡路廃帝《あわじはいてい》などと呼ばれていました。弘文《こうぶん》天皇などは即位したか疑わしいのですが、こちらは、間違いなく即位していたのですから異例の扱いです。

しかし、孝謙天皇の在位中も淳仁天皇のときも、すべては、光明皇太后とその官房《かんぼう》ともいえる紫微中台を統《す》べる仲麻呂を中心に動いていました。

あるとき、淳仁天皇は皇太后から、亡父である舎人皇子に崇道尽敬皇帝《すどうじんけいこうてい》と追号《ついごう》し、兄弟は王から親王に昇格させたらどうかと勧められ、孝謙上皇に相談します。上皇は遠慮《えんりょ》しろと言ったのですが、結局、天皇はこれを受けます。

しかし、光明皇太后は760年に亡くなります。そこで孝謙上皇は、今度は自分が光明皇太后に代わって、（その当時はそんな呼び方はしませんが）院政を敷《し》こうとしました。ところが、なかなか思いどおりに言うことを聞いてもらえないので、762年に、重要案件や賞罰《しょうばつ》は自分でやり、祭事《さいじ》や小事は天皇がやればよいと仕切ります。

その原因となったのは、やはり、次章で論じるように、道鏡との関係について淳仁天皇が苦言を呈《てい》したからでしょう。

この間、仲麻呂は、皇太后の死去に先立って大師（太政大臣）となり、第12章で紹介する新羅征伐の準備に奔走《ほんそう》していましたので気配りが手薄になったのかもしれません。いずれにせよ、762年の1月には正一位《しょういちい》に栄進して陰《かげ》りはなかったのですが、5月にこの孝謙上皇のミニ・クーデターが起きます。

さらに、飢饉《ききん》が起きたりして新羅遠征を先延ばしせざるを得なくなり、さらに側近たちが相次いで死んでしまって、権力、ことに軍事権の独占に穴があいてきました。

そこにつけ込んだのが、孝謙上皇による、今度こそ本物のクーデターでした。しばしば、「恵美押勝の乱」といわれますが、仲麻呂は軍事動員力の充実は図っていましたが、反乱の準備とまでいえるかは疑問です。それに対して、上皇のほうは、相当に綿密に準備していたのです。誰かシナリオを書いた知恵者がいたはずで、それは、道鏡本人か唐帰りの辣腕《らつわん》官僚だった吉備真備《きびのまきび》以外にあり得ないと思います。

上皇は淳仁天皇がいた中宮院（大内裏《だいだいり》）に手勢を派遣して鈴印《れいいん》（御璽《ぎょじ》と駅鈴《えきれい》）を強奪し、これをきっかけに戦闘が始まりました。そして、上皇は押勝とその側近の官位や財産を奪い、北陸道の愛発《あらち》、東山道の不破《ふわ》、東海道の鈴鹿《すずか》の関所を封鎖する固関《こげん》を行わせました。

仲麻呂は一族とともに、もともと国司《こくし》をつとめ地盤といってよい近江国府《こくふ》（大津市瀬田《せた》）を目指しましたが、吉備真備の追討軍に先を越され、継体《けいたい》天皇のふるさとである高島郡三尾《みお》に逃げ込みますが、あっさり全滅してしまいました。

第9章 天武朝から摂関制へ

Q．摂関制は藤原氏の政治的勝利で生まれたのか?

A．母后の圧倒的影響力で平安時代は動いた

摂関制でなく実は母后制だった

天武《てんむ》朝は、天武・持統《じとう》両天皇の血統による皇位独占の原則を認めさせることに成功しました。もはや兄弟による継承は排除され、それをどう次の世代に引き継ぐかをめぐる諍《いさか》いはずいぶんと緩和されたように見えました。また、これに伴って、天皇の権限は非常に強いものになるはずだったのです。

しかし、致命的だったのは、両天皇の子供は草壁皇子《くさかべのみこ》だけで、その皇子は文武《もんむ》天皇、そのまた男子は聖武《しょうむ》天皇だけでしたし、聖武天皇の男の子で成人した者はいなかったことです。しかも、文武天皇も聖武天皇もできがもうひとつでした。

そこで、孝謙《こうけん》天皇が即位したあと、袋小路に入って、橘奈良麻呂《たちばなのならまろ》の乱、恵美押勝《えみのおしかつ》の乱、道鏡《どうきょう》騒動、他戸《おさべ》皇子廃太子《はいたいし》事件と続き、天武系の王子たちはほとんど失脚してしまいました。そして、結局、天武天皇の血を引かない光仁《こうにん》天皇、桓武《かんむ》天皇の系統に皇統は移ってしまうのです。しかし、このあと光仁、桓武、平城《へいぜい》、嵯峨《さが》の各天皇は、いずれも優れた資質を持ち、天武朝がめざした強力な帝権《ていけん》を実現します。

ところが、ここで、嵯峨天皇の皇后として橘嘉智子《たちばなのかちこ》が登場します。彼女は、藤原仲麻呂《ふじわらのなかまろ》（のちの恵美押勝）に追い詰められ獄死した橘奈良麻呂の孫です。彼女は、自分の娘婿《むこ》の淳和《じゅんな》天皇（嵯峨天皇の弟）にまず皇位を継承させ、ついで、息子の仁明《にんみょう》天皇（小野小町はこの天皇の後宮にあったともいいます）に継がせ、さらに、その子の文徳《もんとく》天皇に継承させようとします。

彼女がこの闘いのパートナーに選んだのは、祖父の仇《かたき》だったはずの藤原家の冬嗣《ふゆつぐ》であり、良房《よしふさ》でした。良房は嘉智子皇后の願いを完璧に実現し、その次には、藤原家の娘たちを後宮に送り込み、それが生んだ子供に皇位を独占させ、外戚《がいせき》として権力を振るうシステムを摂関《せっかん》制として完成しました。

そこでは、摂関も強力でしたが、母后《ぼこう》を通してしか力を振るえないことも多かったのです。藤原道長《みちなが》が権力を握ったのも、姉である一条《いちじょう》天皇の母后・東三条院《ひがしさんじょういん》が天皇を泣いて口説き落とした結果でした。しかも、この権力の脆弱性《ぜいじゃく》は、外戚であり続けるのが不可欠だったことです。それがうまくいかなくなった隙をついて、上皇《じょうこう》による院政《いんせい》という新しいシステムに実質的に移行したのです。

いずれにせよ、強かったのは母后たちだったのです。

道鏡事件は神仏習合のあだ花

大津市の石山寺《いしやまでら》の近くに陪都《ばいと》として保良宮《ほらのみや》が営まれたことがあります。近江国府とは瀬田《せた》川をはさんだところにあります。現在も北大路《きたおおじ》という地名があり、関係あるとも推察されています。遺跡があまり見つからないのですが、昭和のはじめに東レ滋賀工場の敷地になってしまったのが原因かもしれません。

ここで孝謙上皇が臥《ふ》せったとき、看病に当たった弓削《ゆげの》道鏡と上皇が異常に接近しました。これを、淳仁天皇が咎《とが》め立てしたことが、天皇と上皇の対立の原因となりました。それまで偉大な母の意向には逆らえず、自己主張できず、特定の男性と親しくすることもできなかったのが、光明《こうみよう》皇太后の死で心の隙間ができたのに、道鏡はうまく入りこんだわけです。

具体的にどういう関係だったかは闇の中ですが、「礼儀正しく私の言うことに従うわけではないし、田舎《いなか》者のような刺《とげ》のある言ってはならぬことまで言う」と上皇が天皇に激怒していったのは、道鏡との関係についての苦言以外には考えにくいところです。

そして、「恵美押勝の乱」のあと、称徳《しょうとく》天皇（孝謙上皇が重祚《ちょうそ》）は道鏡を法王《ほうおう》として、さらに、天皇にまでしようとします。神仏習合《しんぶつしゅうごう》が進んでいく過渡期でしたから、何でもありだった感があります。

恵美押勝の乱の前の太政官《だいじょうかん》では、当時は中国風の官職名でしたが、日本風でいえば、押勝（藤原仲麻呂）が太政大臣、左右大臣は空席で、大納言が文室浄三《ふんやのきよみ》（天武天皇の孫。父は長皇子《ながのみこ》）、中納言が氷上塩焼《ひがみのしおやき》（新田部皇子《にいたべのみこ》の子、塩焼王が臣籍《しんせき》降下《こうか》）、白壁王《しらかべおう》（のちの光仁天皇）、藤原永手《ながて》・真楯《またて》兄弟（藤原北家）でした。

このうち、文室は身の危険を感じて直前に辞職、氷上塩焼は押勝と行動を共にして新天皇に擬《ぎ》され死刑になりました。残りは上皇側につきました。

恵美押勝の乱のあとは、仲麻呂の兄でありながら弟と距離をとってきた豊成《とよなり》が右大臣、道鏡が僧であるにもかかわらず大臣、大納言に藤原永手となります。

結局、道鏡による帝位簒奪《さんだつ》計画は失敗します。大宰主神《だざいのかんづかさ》の中臣習宜阿曽麻《なかとみのすげのあそま》呂《ろ》が、宇佐《うさ》神宮から道鏡を天皇とすれば天下は太平になるという神託があったと伝えてきたので、和気清麻呂《わけのきよまろ》が勅使として下向《げこう》したのですが、神託が虚偽であると報告したのはよく知られるとおりです。重祚した称徳天皇は、和気清麻呂やその姉を処分しましたが、神託が虚偽だという報告までは覆《くつがえ》せませんでした。

このあとも、女帝は道鏡の出身地である河内《かわち》に由義宮《ゆげのみや》を営んで滞在するなどしていますが、称徳天皇は770年に由義宮で病に倒れます。平城京に移され、女官の吉備由利《きびのゆり》（吉備真備《まきび》の縁者）しか近づけないまま崩御しました。道鏡を遠ざけたのが女帝の同意を得たうえでのことかどうかは闇の中です。

皇位継承をめぐる疑心暗鬼で消滅した天武系皇族

僧である道鏡を称徳天皇は皇位に就けようとしたのですが、道鏡には、当然、子供がないわけですから、そのあとはどうするつもりだったか、さっぱり分かりません。天皇になれる適当な皇子がいない以上は、次の世代が成長するまで待つつもりで道鏡はそのつなぎのつもりというだけだったのかもしれません。

なにしろ、橘奈良麻呂の乱と恵美押勝の乱で天武天皇の皇子のうち有力だった、新田部皇子、舎人皇子《とねりのみこ》の子供たちや、高市皇子《たけちのみこ》の孫（長屋王《ながやおう》の子）といったところが全滅していました。

そうなると、最有力候補は、父の塩焼王は押勝の乱で連座《れんざ》したが母親は聖武天皇の不破皇女《ふわのひめみこ》だったので無事だった氷上志計志麻呂《ひかみのしけしまろ》でした。それから、天武天皇と天智天皇の大江皇女《おおえのひめみこ》を両親とする長皇子の子供たちがいました。大納言・文室浄三やその弟の文室大市《おおち》らです。母が聖武天皇の井上皇女《いのえのひめみこ》で、天智天皇の孫である白壁王を父とする他戸《おさべ》皇子もダークホースでした。

このうち、氷上志計志麻呂は、７６９年に県犬養姉女《あがたいぬかいのあねめ》、新田部皇子を父にもつ忍坂女王《おさかのじょおう》、石田女王《いわたのじょおう》と母の不破皇女が共謀して称徳天皇を呪詛《じゅそ》し、志計志麻呂を皇位につけようとしたという事件で追放されました。

その後、不破皇女は赦免《しゃめん》されますが、桓武天皇即位直後の７８２年、今度は、やはり息子の氷上川継《かわつぐ》が謀反を起こそうとした事件に連座して淡路《あわじ》に流されました。この川継は志計志麻呂と同一人物かもしれません。

塩焼王が伊豆に流されてからの不破皇女をめぐる数々のスキャンダルがどこまで本当なのか分かりません。孝謙天皇と不破皇女のどちらが異常というべきかなんともいえませんが、激しい異母姉との喧嘩がゆえに、不破皇女の系統はついに帝位に就くことはできませんでした。

天武天皇の長皇子は、天智天皇の皇女を母としているにもかかわらず影の薄い存在ですが、キトラ古墳の被葬者の有力候補として知られています。その子孫には、百人一首に歌が選ばれている文屋康秀《ふんやのやすひで》と文屋朝康《あさやす》もいます。浄三は温厚な人物として知られ、恵美押勝政権の末期に大納言でした。ただ、孝謙天皇が崩御したときには、弟の文室大市ともども70歳を越えていました。

天智天皇の皇子たちは、天武天皇から、自分の皇子たちと同じ格で扱われ、草壁皇子《みこ》への継承を固める会合だった「吉野《よしの》の盟約《めいやく》（679年）」では、施基《しきの》（志貴）皇子と川島皇子《かわしまのみこ》が天武天皇の皇子たちと参加しています。また、弘文《こうぶん》天皇の子・葛野王《かどのおう》も文武天皇即位を朝議《ちょうぎ》で支持して持統天皇を喜ばせています。

施基皇子の子である白壁王も順調に栄進し、聖武天皇の第一皇女で不破皇女の姉に当たる井上皇女と結婚しました。ただ、酒人《さかひと》皇女が生まれたのが彼女が37歳のとき、さらに、他戸皇子は45歳のときです（761年）。少し高齢すぎますが若い時に伊勢斎王《さいおう》だったことも理由で、あり得ないことではありません。

といっても、天武天皇の男系子孫が多くいるなかではダークホースに過ぎなかったはずですが、政変で次々と皇位継承候補が消えた結果、この幼児が、一躍《いちやく》、注目を浴びることになったとみられます。

橘三千代・光明皇后・孝謙女帝、3代の女の戦い

（西暦）

683	文武天皇生まれる
684	三千代が橘諸兄を生む
701	三千代が光明子を生む。聖武天皇誕生
707	文武天皇崩御。元明天皇即位
708	三千代が橘姓を賜う
710	平城遷都
715	元正天皇即位
716	光明子が入内
718	孝謙天皇を光明子が生む
720	藤原不比等が死去
721	元明上皇崩御
724	聖武天皇即位
727	光明子が基皇子を生む
728	基皇子死去
729	長屋王の変。光明子が皇后となる
733	三千代死去
737	藤原四兄弟が疫病で死去
738	橘諸兄が右大臣に
743	藤原仲麻呂が参議に
744	安積皇子が死去
748	元正上皇崩御
749	孝謙天皇即位。仲麻呂が大納言に
756	聖武天皇崩御。橘諸兄が引退
757	道祖王の皇太子の地位を奪う
	橘諸兄が死去。橘奈良麻呂の乱。藤原仲麻呂が恵美押勝となる
758	淳仁天皇即位
760	恵美押勝が太政大臣に。光明皇后薨去
761	孝謙上皇と道鏡が保良宮で出会う
762	淳仁天皇と孝謙上皇が不和になる
764	恵美押勝の乱。称徳天皇が重祚
766	道鏡が法王になる
769	氷上志計志麻呂（不破皇女の子）が追放される
	和気清麻呂が偽神託を見破る
770	称徳天皇崩御

しかし、称徳天皇の崩御のとき10歳ですから、この時代の習慣として登極《とうきょく》はあり得ませんでしたし、称徳天皇がいずれこの子を天皇にと思って道鏡をつなぎの天皇にしようとしたという説も、女帝の気の変わり方の激しさからいってないと思います。

このとき、太政官では、藤原永手が左大臣、吉備真備が右大臣、白壁王、弓削浄人《きよひと》、大中臣清麿《おおなかとみのきよまろ》が大納言でした。吉備真備は文室大市もしくは文室浄三を推しましたが、藤原永手、良継《よしつぐ》（宿奈麻呂《すくなまろ》）、百川《ももかわ》は他戸皇子の父である白壁王を推しこれが通ったのです。

天武・持統天皇の血を引く他戸皇子にいずれ皇位を継承してもらいたいが、そのためにも、高齢であり彼ら自身の子供がたくさんいる文室兄弟より、他戸皇子の父であり政治力もそこそこある白壁王（光仁天皇）にショートリリーフしてもらうことが、ベターだということで理解が得られたのだと思います。

桓武天皇の後ろ盾は、藤原北（摂関）家でなく「式家」

光仁天皇が即位したとき、同時に、井上皇女が皇后に、他戸皇子が皇太子になりました。これは、天皇の即位があくまでも他戸皇子へのバトンタッチを前提としていたことを窺《うかが》わせます。

この決定をしたときの群臣会議を主宰したのは藤原永手（北家）ですから、永手とすれば、その路線を守らねばならない立場でした。ところが永手は、その翌年の771年に死んでしまいます。

この永手の生前と死後の政権にあった人々を序列順に並べるとこうなります。

永手の生前＝①左大臣・藤原永手（北家）、②右大臣・吉備真備、③大納言・大中臣清麿、④中納言・藤原良継（式家）

永手の死後＝①右大臣・大中臣清麿、②内大臣・藤原良継（式家）、③大納言・文室大市、藤原魚名《うおな》（北家）、④中納言・石川豊成《とよなり》（蘇我）、藤原縄麻呂《ただまろ》（南家）、石上宅嗣《いそのかみのやかつぐ》（物部）

このうち大中臣清麿は、きまじめで、故事《こじ》来歴や儀式について詳しく、精勤《せいきん》であると『続日本紀《しょくにほんぎ》』でされている人で、実権はなく、良継が実質上の実力者ナンバーワンになり、北家に代わって式家が力を持つようになりました。とくに、その弟でのちに参議《さんぎ》になる百川が知恵者であったといわれています。

そして、翌年（772年）には、光仁天皇を呪詛したとして皇后と皇太子が廃《はい》され（他戸皇子廃太子事件）、桓武天皇（山部皇子《やまべの》）が皇太子になります。さらに、井上皇女と他戸皇子は難波《なにわ》皇女（光仁天皇の同母姉）を呪詛したとして幽閉《ゆうへい》され不審死しています。本当に呪詛したかどうかは不明です。

このころ、良継の娘の乙牟漏《おとむろ》が皇太子（のちの桓武天皇）の妃となり、平城天皇と嵯峨天皇を生み、百川の娘である旅子《たびこ》も入内し、淳和《じゅだい》天皇の母となりました。

良継は777年に死去します。そのあとは、藤原魚名（北家）がナンバーツー（大納言・内大臣）になりますが、このあたりになると、光仁天皇自身や皇太子だったのちの桓武天皇が力を発揮してきましたので、かつてほど、臣下筆頭といっても力がありません。

魚名は781年に光仁天皇が譲位（翌年崩御）して桓武天皇が即位した機会に、左大臣に昇進しますが、またもや不破皇女らが企てたとされる「氷上川継の乱」に関与していたとして追放されました。また、参議の藤原浜成《はまなり》も追放され、これで藤原四兄弟の末弟麻呂《まろ》の子孫である京家は勢力を失いました。

さらに、785年には長岡京で造営の建設に当たっていた藤原種継《たねつぐ》（式家・良継の甥）暗殺事件で大伴《おおとも》一族が処罰され、とくに、万葉《まんよう》歌人として知られる大伴家持《やかもち》はもう死んでいたのに、中心人物の1人として処罰されました。

また、皇太子だった桓武天皇の同母弟・早良皇子《さわらのみこ》も関与を疑われて追放され、淡路へ流される途中で死んでしまいます。

ところが、この直後から、第1皇子であるのちの平城天皇が病に倒れ、天皇の母である高野新笠《たかののにいがさ》、皇后、妃である藤原旅子なども病死し、長岡京も洪水に見舞われるなど不幸が続いたので、早良皇子の祟《たた》りであるとして鎮魂《ちんこん》の儀式が執り行われ、崇道《すどう》天皇と追称《ついしょう》されました。

けちがついた長岡京は放棄され、平城京に戻ったあと、改めて平安《へいあん》京が建設されますが、早良皇子は怨霊《おんりょう》として都で恐れられることになります。

権力より皇位継承が目的化した平安時代

桓武天皇は、即位したとき45歳という理想的な年齢で、貴族のうちにもこれといった実力者がいなかったこともあって、日本史では珍しい独裁君主になったのです。

桓武天皇の三大業績は、平安建都《けんと》、東北経営、そして新仏教への保護です。そのうち、平安遷都と仏教のことは別に書きます。

桓武天皇や嵯峨天皇は、唐の文化や制度を取り入れることをやめたのではありません。華やかな社寺を建設するようなところばかり直輸入するのでなく、新しい仏教を精神的なところも含めて取り入れたり、制度もそのまま導入するのではなく、実情に合わせて修正すべきだという意識でした。

嵯峨天皇が隠棲《いんせい》した大覚寺《だいかくじ》がある嵯峨という地名が中国の長安《ちようあん》の地名をそのまま持ってきたものであることは、平安初期というのが奈良時代以上に唐文化の輸入に熱心だった時代であることを象徴しています。

また、平安時代になって班田収授《はんでんしゆうじゆ》の法を緩和して民間による開発を奨励するとか、コストの高い常備軍から私兵《しへい》への委託に移行する、国司《こくし》などが一定の上納さえすれば地方分権を認める、専門官僚集団の育成より安直に要職も専門職も世《せ》襲《しゆう》させる、外国とはあまりつきあわないといった政策は、たしかに、現実的でコストも安いものでした。

大唐帝国が衰退して、学ぶべきものも少なくなり、攻めて来られる心配もなくなった一方、新羅の半島統一が盤石《ばんじやく》となったので、勢力を回復する意欲もなくなりました。フロンティアはむしろ東国《とうごく》と意識されるようになり、坂上田村麻呂《さかのうえのたむらまろ》の活躍で大いに進展し、阿弖流為《あてるい》を降伏させました。朝廷の支配は胆沢《いさわ》城、志波《しわ》城など岩手県南部まで及ぶようになりました。田村麻呂はのちに大納言・右近衛大将《うこんえのだいしょう》にまで異例の昇進をし、娘を桓武天皇の妃とし、清水寺《きよみずでら》を創建します。

そして、父である桓武天皇とならぶ日本史上でも最強の天皇の1人だった嵯峨天皇は、子供の数も数十人と多かったので、自分の男系子孫に皇位の継承を独占させるめどをつけることができました。また、皇后・橘嘉智子は、自分の生んだ仁明天皇の系統での確実な継承を望みました。

その結果、譲位《じょうい》を若いうちに行うことが常態化します。この体制では、天皇が若い、さらに時代が下ると幼《おさな》いので実権がなくなってしまいました。そして、実際の権力は、天皇の父親である上皇か、外祖父たる摂関かが状況に応じて握るという政治体制ができあがりました。

この体制は安定性は高いのですが、もはや、非常に強い政治的なリーダーシップで改革を行うには向きません。権力を振《ふ》るうより、自分の都合のよい皇位継承を実現することが目的になってしまったのが、日本の中世だったのです。

田麻呂《たまろ》（式家）、是公《これきみ》（南家）、継縄《つぐただ》（南家・妻は百済王家出身）、小黒麻呂《おぐろまろ》（北家）といった藤原一族が高位を占めましたが、いずれも、天皇の親任あればこそという人物であり、藤原氏が天皇を操っていたとは言いがたいところです。

桓武天皇の末期には、天皇と施基皇子を共通の祖父とする謙虚な神王《みわおう》と、豪放《ごうほう》な壱志濃王《いちしのおう》がそれぞれ右大臣と大納言として天皇を支えました。

平城天皇のもとでは藤原内麻呂《うちまろ》（北家）がナンバーワンで、坂上田村麻呂が次席でしたが、譲位の次の年に平城上皇を担いで「薬子《くすこ》の変」を起こした側近の仲成《なかなり》と薬子の兄妹は藤原式家の出身で、のちに摂関家になる北家が安定した地位を得ていたわけではありません。

橘嘉智子皇后の野心が摂関制をつくった

これまで述べてきたように、藤原氏が、鎌足が大化の改新をなしとげてから、蘇我氏に代わって権力を握り続けているような幻想がありますが見当外れです。鎌足もナンバースリーでしかなく、不比等も中堅官僚としてうだつが上がらなか

藤原氏と皇室系図

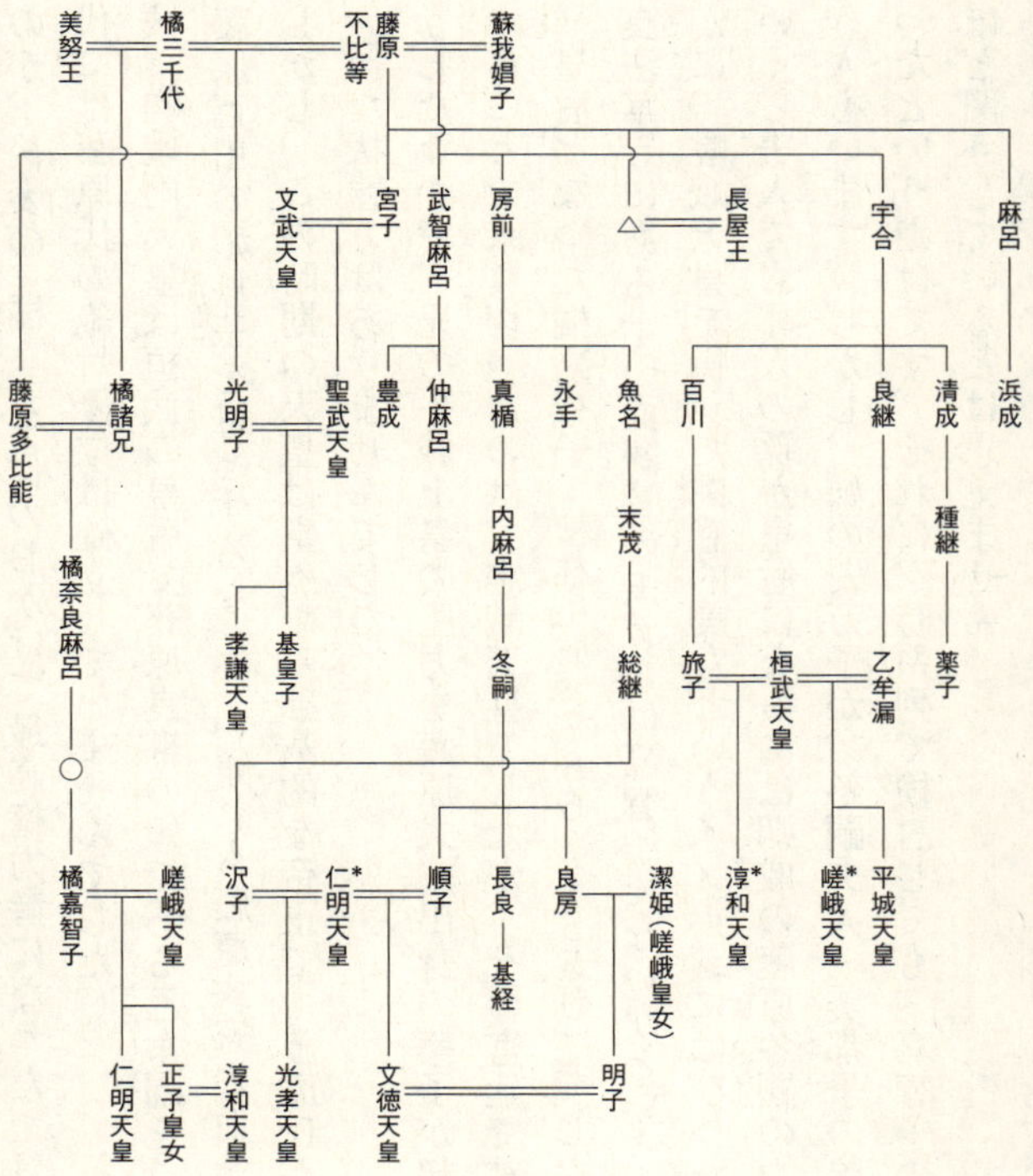

＊は系図を簡略化するため重複で記載

ったのが、後妻の橘三千代《たちばなのみちよ》のおかげで最高権力者になっただけでしたし、奈良時代には藤原氏の絶対優位は確立していませんでした。

平城、嵯峨両天皇は桓武の皇后で藤原良継の娘である乙牟漏《おとむろ》を母とし、淳和天皇は藤原百川の娘旅子《たびこ》を母とするなど、いずれも藤原式家の血を引いていました。しかし、この時期の天皇は堂々たる独裁的な帝王で、藤原氏が権力を独占するといった状態ではありませんでした。

こうしたなかで、兄の平城上皇の圧力を藤原式家出身の薬子が起こした反乱を鎮圧することで乗り切ったのは、嵯峨天皇でしたが、その宮廷で辣腕《らつわん》を振るったのは、皇后となった橘嘉智子（檀林《だんりん》皇后。786?〜850）でした。

奈良法華寺《ほっけじ》にある十一面観音《かんのん》のモデルは嘉智子でないかという人がいますが、たしかに、嵯峨天皇を操った肉感《にっかん》的美女というイメージにはぴったりです。しかし、いくら美人でも罪人の孫が皇后になるには姻戚《いんせき》の藤原冬嗣《ふゆつぐ》の力あってのことという人もいます。しかし、姉の安万子が、冬嗣夫人・美都子《みつこ》の弟・藤原三守《みもり》の妻だったというだけです。それに、時系列で検討しても、嘉智子の出世に冬嗣はそれほど関与しているとは思えません。

桓武天皇のもとで、冬嗣の父・内麻呂は、穏和な人格もあって桓武末期から政局の中心にありました。冬嗣は内麻呂と百済永継《くだらのながつぐ》という女性の子です。永継は百済東城王《とうじょうおう》の子孫である飛鳥部奈止麻呂《あすかべのなとまろ》という大阪府羽曳野《はびきの》市を本拠とする帰化人の娘で、冬嗣、真夏《まなつ》を生んだのち、桓武天皇の後宮入りし、良岑安世《よしみねのやすよ》（臣籍降下して大納言）を生みました。戦国武将である丹羽長秀《にわながひで》の先祖です。

冬嗣は東宮《とうぐう》時代からの嵯峨天皇の側近で即位後は蔵人頭《くろうどのとう》という官房副長官のような新設ポストに就きました。嘉智子はその年にのちの仁明《にんみょう》天皇を生むなど確固とした地位を確立していましたから、むしろ、嘉智子の方が冬嗣を評価し、政治的な野望の協力者としてその子の良房も登用《とうよう》したと言うべきです。

この嘉智子皇后は良房と組んで以下のように万全の体制を構築しましたが、それぞれの出来事のときの良房の地位からいっても、嘉智子の方に主導権があったとみる方が自然でしょう。

①８３３年＝仁明天皇を天皇とし、嘉智子の娘・正子皇女と淳和天皇の子・恒貞《つねさだ》皇子を皇太子とする（良房は左近衛少将《さこんえのしょうしょう》）。

②８４２年＝嵯峨天皇の崩御後に「承和《じょうわ》の変」で仁明天皇と藤原冬嗣の娘順子《のぶこ》

の子である、のちの文徳《もんとく》天皇を皇太子とする（良房は中納言）。

③850年＝仁明天皇が崩御し文徳天皇が践祚《せんそ》し、皇后となった良房の娘明子《あきらけいこ》にのちの清和《せいわ》天皇が生まれる。嘉智子は薨去《こうきょ》したあと、のちの清和天皇を立太子するようはからう（良房は右大臣）。

良房は嵯峨天皇の皇女である潔姫《きよひめ》を妻として与えられましたが、皇女が臣下の妻となったのは前代未聞でした（良房はそれを感謝しほかの妻を迎えなかったので娘しか得られなかった）。

しかし、嘉智子が無理をして幼い天皇を登極させたことは、それを支える安定した後見人を必要とし、それが摂関制を生んだのです。女性の強かったこの時代であればこその政治体制です。

嘉智子は、遺言にしたがって死後に自らの遺骸《いがい》を埋葬せずに道ばたに放置し鳥獣《ちょうじゅう》の餌《えさ》としましたが、その場所が京福《けいふく》電鉄の駅がある「帷子辻《かたびらがつじ》」（帷子ノ辻）だといいます。小説家の関心をおおいに引く女性です。

良房による摂関制の確立以降も、そう簡単に藤原家の覇権が確立したわけではありません。平安時代を通じて摂関家の力は天皇の外戚ということで確保されました。天皇の生母《せいぼ》を通しての力だったともいえます。やはり、藤原家はとことん、女性の力を利用した一家だったのです。

コラム

三種の神器

宮中にある「八尺瓊勾玉《やさかにのまがたま》」、伊勢神宮の「八咫鏡《やたのかがみ》」、熱田《あつた》神宮の「天叢雲剣《あめのむらくものつるぎ》」をもって三種の神器といいます。中世から皇位継承に不可欠なものとされ、源平の戦いや南北朝ではその争奪戦が繰り広げられました。

さらに、太平洋戦争にあっては、伊勢神宮や熱田神宮がある伊勢湾にアメリカ軍が上陸する恐れが終戦の決断を後押ししたとされます。

その起源について、『古事記』では天照大御神が天孫降臨《てんそんこうりん》の際に瓊瓊杵尊《ににぎのみこと》に「八尺の勾璁《まがたま》、鏡、草薙剣《くさなぎのつるぎ》」を授けたとされています。『日本書紀』では、「一書に曰く《いわ》」という少し引いた形ですが、「天照大神が天津彦彦火瓊瓊杵尊《あまつひこひこほのににぎのみこと》に、八尺瓊の曲玉《まがたま》及び八咫鏡・草薙剣、三種の宝物を賜わった」とあります。

このうち、草薙剣については、スサノオ命《みこと》が八岐大蛇《やまたのおろち》を退治したときに、その尾から現れたものとされています。

しかし、神様からもらったというのは神話の世界ですし、日向から出てきた神武天皇がそのような家宝をワンセットで持ってきたのかというと、可能性は薄い気がします。

『日本書紀』の崇神《すじん》天皇の項目に、崇神天皇が天照大神の威光を恐れて天叢雲剣と八咫鏡を宮の外に出し、それがのちに伊勢神宮に落ち着き、さらに天叢雲剣はヤマトタケルに貸し与えられて、結局、熱田神宮に落ち着きました。天皇の即位儀礼では、八尺瓊勾玉の本物と天叢雲剣と八咫鏡の形代《かたしろ》とが使われます。

この3つを王権の象徴として扱うのは、筑紫《ちくし》起源かもしれません。『日本書紀』には、『魏志倭人伝』でもおなじみの伊都《いと》国の支配者が、天皇が来たと聞いて、大きな賢木を根から引き抜き、船の舳先《へさき》に立てて、上枝には「八尺瓊」をかけ、中枝には「白銅鏡《ますみのかがみ》」をかけ、下枝には「十握剣《とつかのつるぎ》」をかけて穴門《あなと》（長門《ながと》）の引島（彦島《ひこしま》）に迎えにやって来たという話が紹介されています。

そして、「私がこれらの物を奉《たてまつ》りますのは、天皇が八尺瓊の勾《まが》っているように、お上手に天下を治めて頂きたいからです。また白銅鏡のように、よく山川や海原をご覧《らん》頂き、十握剣を引っさげて天下を平定して頂きたいからです」と言ったとあります。また岡県主《おかのあがたぬし》（遠賀《おんが》川河口付近）の熊鰐《わに》が長門の防府《ほうふ》市あたりまでほぼ同様のしつらえで仲哀天皇《ちゅうあい》を迎えています。

筑紫を帰属させる以前からこれらの神器は大事にされていたのかもしれませんが、「三種の神器」というものがまとまった形で王位継承の儀式に使われるというのは、筑紫地方に始まった風習が採用されたのではないかと私は思います。畿内では、古い時代には銅鐸《どうたく》も何らかの形でセットのなかに入っていたのが、いつしか廃《すた》れたなどという可能性だってあります。

しかし、その後においても、皇位継承にあって三種の神器が必要な道具立てとしていつ定着したかどうかは不明です。たとえば、持統《じとう》天皇の即位のときに、中臣氏が寿詞《よごと》を読み上げ、忌部《いんべ》氏が鏡と剣を奉ったとあります。果たしてどの段階で三種の神器がワンセットで皇位継承に欠かすべからざるものとなったのか、明らかでありません。

なお、草薙剣は熱田神宮にこっそり見たという記録があり、銅剣のようです。また、八尺瓊勾玉は昭和天皇の即位《そくい》礼のときに手で持って運んだ人の証言によると子供の頭くらいの感触だったそうです。

第10章 出雲神話に隠された建国史

Q、神話には歴史解明の鍵が隠されている?

A、宗教は短期で変幻、神話は借り物だらけで論じる価値なし

神話と宗教から歴史は語れない

伊勢や出雲で遷宮《せんぐう》が行われたとか、『古事記』が完成して1300年などで古代への関心が高まっているのは結構なことです。しかし、私は古代史を論じるうえで、神社のいわれとか、神話の世界にほとんど関心がありませんし、関連させるべきでもないと思っています。

なぜなら、宗教は非常に変化するスピードが速いし、神話はまったくの借用物が多いからです。たとえば、伊勢神宮の風景は明治になってから今のようになったものです。出雲大社の祭神はかつて大国主命《おおくにぬしのみこと》でなくスサノオ尊《みこと》でしたし、日向の天岩戸《あまのいわと》や神社の多くは記紀《きき》を読んでから創られたものであり、高千穂神楽《たかちほかぐら》は幕末までは純粋に仏教の踊《おど》りでした。

神話から古代史を推理することは、真実に近づく手がかりとしては価値は低いと思います。

ここでいう神話というのは、神々の世界のことです。ギリシャ神話でもオリンポスの神々の話がなんらかの歴史を反映している可能性はありますが、あくまでも神話で、一方、トロイア戦争は神話的な脚色があるにせよ歴史です。

ギリシャ神話はローマ神話にもそのまま取り入れられているのですが、これは、まったくのあとからの借用です。ローマ帝国の起源についてのヒントをギリシャ・ローマ神話に求めても、ほとんど意味がないのではないでしょうか。

『旧約聖書』に書いてあるイスラエルの過去でも、『旧約聖書』のノアの方舟《はこぶね》は神話ですし、バビロン捕囚《ほしゅう》は歴史です。

中国神話では、三皇五帝《さんこうごてい》のうち三皇はまったくの神話ですし、五帝もほとんど神話で、夏《か》王朝の話からが歴史です。三皇のエピソードは、初代の伏羲《ふっき》は母の華胥《かしょ》が巨人の足跡を踏んで孕《はら》んだといい、蛇身人面、牛首虎尾で、八卦《はっけ》を作り、漁猟《ぎょりょう》法を民衆に教えた聖王とされるなど東南アジア的です。

黄河流域の中原《ちゅうげん》には新モンゴロイドがやって来る前に東南アジア系の人々がいて、その先住民の神話が残ったのではないかという程度の問題提起しか語れません。

記紀においては、神武天皇からが歴史でそれ以前は神話です。

出雲神話は面白いから記紀に取り入れられただけかも

記紀の内容についていえば、神武《じんむ》天皇からあとが歴史です。それ以前にはなにがしかのヒントになる場合もあるかもしれませんが、神話の世界は、はっきり神武以降の歴史の世界と区別すべきです。

もちろん、それぞれの時代にどのような宗教が信仰されたかとか、どのような神話を古《いにしえ》の人々が信じていたかは知るべきです。

日本人は神仏混淆《こんこう》の世界に1000年にわたって生き、皇国史観の影響下に100年ほどいたわけで、それぞれの時代の歴史観や宗教観について正しい知識を持つことは歴史を学ぶうえで不可欠です。しかし、そこで信じられていたことから歴史を組み立てるのは止めた方がいいと思うのです。

神武天皇が大和《やまと》にやって来たとき、その一族が充実した神話を持ち、かつ、それを大和の人たちに押しつけることができたとは考えにくいのではないでしょうか。

もちろん、天皇が太陽神としての性格を引き継いでいるとか、高千穂峰《みね》に降臨するとか、海彦《うみひこ》・山彦《やまひこ》（海幸彦《さち》・山幸彦《さち》）のエピソードなどの部分は、いかにも日向で生まれたというにふさわしい印象はあります。

しかし、全体としては、大和地方で流布《るふ》していた神話に日向から持ってきた要素を少し加えたものが骨格で、さらに、全国統一が進んでいくなかで、取り入れられたものもあるかもしれないということでしょう。

日本神話で最大の謎は、出雲神話の比重です。『古事記』では圧倒的な迫力ですす。『日本書紀』では少し控えめで、しかもほとんどが、「一書に曰《いわ》く」という最終的に信頼に足るものとして本文に採用されなかった扱いですが、それでも、本文だけでも、建国に至るまでの事情について以下のように書いています（巻末295ページ系図参照。系図は『日本書紀』の内容を優先し、記述がないときは『古事記』などによった。なお、『日本書紀』と『古事記』の記述は相違がある）。

①スサノオ尊が出雲に降り立ったあと、その子、大国主命が出雲を継いで支配しましたが、タカミムスビ尊が息子のニニギ尊を葦原中ツ國《あしはらのなかつくに》の主とさせようとして天穂日命《あめのほひのみこと》など何人かを降臨させて大国主命と交渉させました。しかし、逆に大国主命に取り込まれてしまいましたが、最終的に國譲《くにゆず》りを承知させ、その代償

として出雲大社《たいしゃ》が創建されました。

②大和にやって来た神武天皇は大国主命の孫娘を皇后とし、綏靖《すいぜい》天皇の皇后も母親の姉妹、［第3代］安寧《あんねい》天皇は大国主命の子である一言主神《ひとことぬしのかみ》の孫 鴨王《かものきみ》の娘を皇后としたとしています。

③出雲が大和朝廷の支配下に入ったのは、崇神《すじん》天皇のときです。出雲の領主は天穂日命の子孫でした。当主である出雲振根《いずものふるね》が筑紫《ちくし》国に行っているうちに、弟の飯《いい》入根《いりね》が崇神天皇の要請で神宝を差し出しましたが、兄は筑紫から戻って怒り、弟を殺しました。そこで、弟の子である鸕濡渟《うかつくぬ》らの要請で崇神天皇は、吉備津彦《きびつひこ》命《みこと》と武渟河別命《たけぬなかわわけのみこと》を派遣して出雲振根を殺させました。この鸕濡渟が出雲国《くにの》造《みやつこ》家の祖先というわけです。

つまり、もともと、出雲族の先祖であるスサノオ尊が日本列島に下って国づくりの主役でしたが、天照大神の孫で天孫降臨したニニギ尊に日本列島の主人の座を譲った。また、天皇家は、大和の在地勢力のうち出雲の大国主命の子孫たちと縁結《えんむす》びして勢力を広げた。さらに、出雲には天照大神の子孫で別の者が支配者となっていたが、崇神天皇のときに服従したということです。

このストーリーのうち神々の世界の部分は、史実を反映したものである可能性はあまり大きくないとみるべきです。しかし、どうして、建国神話にこのような出雲神話が反映されたのか考えてみるのは意味のあることです。

結論など出るはずないのですが、普通に考えれば、神武天皇が移住する前の時代からの大和の支配者は、出雲の支配者たちとルーツを同じくするとか、密接な関係があった人たちだったはずです。

大和土着《どちゃく》の豪族たちの先祖が出雲から来たのか、あるいは、出雲人たちの先祖が大和か第3の場所から出たのかもしれません。西日本の広い地域の弥生人のあいだで出雲が聖地だという認識があった可能性もあります。

しかし、ローマがギリシャ神話を借用したように、大和の先住支配者か、崇神天皇以降の大和朝廷か、どちらか分かりませんけれども、出雲神話が面白かったので、これを借用しただけに過ぎないという可能性もかなりあります。

出雲については、新羅の人が出雲勢力のルーツだという話にすれば韓国人や韓流ファンは喜ぶかもしれませんが、新羅が国らしくなるのは3世紀以降ですし、むしろ、伝説では1世紀にいた第4代の新羅王である脱解尼師今《だつかいにしきん》は日本、おそらく、但馬《たじま》か丹波とみられるタバナ国の出身だと『三国史記』に書いていますし、スサノオ尊や新羅の王子アメヒボコ（天日槍）の伝説も新羅と日本を行ったり来たりですが、どちらがどう影響を与えたのかは不明で新羅の方に神話のルーツがあると決めつけるのは客観的なものの見方だと思えないのです。

もちろん、国引《くにび》きの神話にも新羅が登場しますし、出雲も含めた日本海側の地方が新羅も含めた辰韓《しんかん》諸国と交流があったのは当然のことですが、それ以上に妄想を広げるのは科学的でありません。

百済については半島から列島への人の流れが反対より強そうですが、発展が遅れた新羅や任那《みまな》など半島南東部とは一方通行ではなさそうです。『新撰姓氏録《しんせんしょうじろく》』の記載でも新羅や任那出身の帰化《きか》人の数は少数です。

任那（伽耶《かや》諸国）など半島南東部が鉄の産地だったので、列島に対して軍事的に優位だったはずと言う人もいますが、銅器で武装した秦《しん》が鉄の産地だった燕《えん》などを破って中国を統一したくらいで、決定的な意味はありません。

伊勢神宮も出雲大社も上代からそのままではない

伊勢式年《しきねん》遷宮は20年に一度行われ、内宮《ないくう》や外宮《げくう》だけでなく多くの摂社《せっしゃ》も建て替えられるので、総経費が570億円という大事業です。2013年の遷宮は安倍政権誕生など保守的な気分の高揚もあって空前のブームとなり、参拝客も1420万人と過去最多に達しました。

こうした古い時代から伝えられた行事が維持されていることはまことに結構なことなのですが、一般人の受け取りとして、千数百年も前から変わることなく行事が行われ、建築や風景もそのまま維持されているというような誤解が生じているのも困ったことです。

式年遷宮は、持統《じとう》天皇の690年に始まりましたが、戦国時代には120年以上に及ぶ中断がありました。また、江戸時代には神宮寺《じんぐうじ》があって神仏混淆でしたし、農業の神である外宮の方が格が上だと見られて、こちらへの参拝が伊勢参《まい》りの主たる目的でした。

風景にしても、杉のうっそうとした林も新しい風景ですし、宇治橋《うじばし》の場所も違うし、橋を渡った内側に繁華街もありました。建物の配置も変化していますし、金色の金具を使うなど豪華だったわけでもありません。また、古い本殿は、20年そのままにされて、次の遷宮のときに撤去されるようです。

天皇による参拝は少なくとも持統天皇以降は明治になるまでされていませんし、1月2日に閣僚が参拝する習慣は佐藤栄作《えいさく》内閣が始めたものです。

出雲大社のほうは、まず、名前からして、1871年までは杵築大社《きづきたいしゃ》でした。出雲一宮《いちのみや》は松江市の熊野《くまの》大社で出雲国造家もそちらにいました。

祭神は平安時代からスサノオ尊になっていたのが、1664年頃に大国主命に戻されました。また社殿は華麗なもので、豊臣秀頼《ひでより》が献じた朱塗《しゅぬ》りの本殿や尼子経久《あまごつねひさ》が建てた三重塔がありました。

現在の神道は、幕末に国学《こくがく》のもとで育まれ、明治になって天皇を頂点とした国家体制を強固にするために再構築されたものです。祭神もそれまで神様でなかったものが多く、たとえば、上杉謙信とか武田信玄を祀《まつ》る神社など、もともとありませんでしたし、太宰府天満宮《だざいふてんまんぐう》のように安楽寺《あんらくじ》という純粋の寺院で神道との関係などほとんどなかったものもあります。

国家神道は、一方で、仏教との不明朗《ふめいろう》な関係を清算することで宗教的な色彩が増した部分もありますし、逆に国家と結びつくにあたって「宗教でない」という立場で宗教色を排除したところもあります。また、古代への回帰を志《こころざ》したものですが、古代人の信仰にはない仰々《ぎょうぎょう》しさが加わったともいえます。

キリスト教の宗教改革でも、プロテスタントは原点回帰を志したわけですが、そこで実現したものが本当にカトリックよりイエス・キリストの時代の信仰と似たものになったかは、なんともいえないのと同じです。

あるいは、19世紀のヨーロッパでヴィオレ・ル・デュクという人が中世美術の復興を提唱し、ゴシックの教会などを非常に個性的なスタイルで修復したり、中世風のお城を新しく建てたりしました。このために、パリのノートルダム聖堂などでも本来のものとはかなりずれているといわれ、功罪《こうざい》相半ばするとされるのにも似ています。

現在の神社やそこでの儀式から、弥生《やよい》時代に日本が建国されたころの時代をしのぶべきかは、そのあたりも念頭において眺めた方がいいと思います。

それに、日本の神道が、世界の中でそれほど特殊とは見るべきでもありません。

たしかに、キリスト教やイスラム教とはだいぶ違いますが、①人間の力を超えた霊的存在を信じるアニミズム、②先祖の魂やそれが宿るものへの崇拝、③神と人間をつなぐ巫女《みこ》を通したシャーマニズムといったものは、春秋《しゅんじゅう》戦国時代や秦漢帝国時代からの中国の道教《どうきょう》系の信仰にもあり、東アジア世界一般に普及していたものですし、この3つの条件に合って、個人や集団のご利益《りやく》を求める宗教は、世界各地の土俗《どぞく》宗教に広く見られます。

神道を日本独自の特異なものととらえるのも疑問ですし、最近、韓国の国粋主義者や日本の媚韓《びかん》派が言うように、朝鮮半島にも少しよく似たものがあるので、半島の宗教をまねたものだというに至っては笑止千万です。

仏教のおかげで日本は文明国になれた

日本に仏教が伝来したのは、538年に百済の聖明《せいめい》王が、欽明《きんめい》天皇に金銅の仏像や経典《きょうてん》を贈ったときとされています（異説あり）。しかし、高句麗へは372年、百済へは384年、新羅では528年に伝来していましたから、まったく、仏像などがそれまで日本に輸入されたことがなかったはずもありません。国家レベルで持ち込まれたのが、このときだというだけです。

それまで仏教に限らず外国の宗教が持ち込まれることはあったはずです。しかし、百済王がもたらしたのは、豪華な道具があって、漢文で書かれた立派な経典も備えたもので、新しい神様が1人加わるというだけでなく、国家とか社会とか文化を根底《こんてい》から揺るがすトータル社会システムらしかったので、欽明天皇も重臣たちも扱いに慎重になりました。

キリスト教もイスラム教も普遍《ふへん》的なトータルシステム性を備えていることが世界宗教としての普及の決め手です。とくに、イスラム教は、コーランの中に政治システムから法律制度までの答えが全部入っているといわれるほどで、イスラム教が入ってはじめてクニを成立させることができた地域も多いのです。

仏教が伝来したとき、どうして良いか結論が出ず、とりあえずは、蘇我稲目《いなめ》が仏像や経典を預かって崇拝してみたのですが、飢饉《ききん》が起きたりして、これを排除すべきだと物部守屋《もりや》らが告発して政争のたねになりました。

こうした一連の政争は、推古《すいこ》天皇、聖徳太子、蘇我馬子《うまこ》の3人が政権を握ることで終わり、そのときに仏様の加護があったとして四天王寺《してんのうじ》や法興寺（飛鳥寺）が創立されました。

こうした寺院の建設は、建築、仏像、仏具《ぶつぐ》づくりだけでもたいへんなことでしたし、経典を理解するには漢文の学習も不可欠でしたから、総合的な大陸文明の受容となったのです。なかんずく、奈良時代に総国分寺《こくぶんじ》として東大寺、総国分尼《に》寺として法華寺《ほっけじ》が設けられ、各国に国分寺と国分尼寺を建設したことは、列島全体の文明開化に絶大な効果がありました。

仏教が目新しかったのは、個人や小さな集団の幸福だけでなく、飢餓や疫病や戦乱をなくすとか、国家の安定を図る国家鎮護《ちんご》といったより高次元なものをめざしたことです。また、民衆を教化《きょうか》し行動させた行基《ぎょうき》や、悲田院《ひでんいん》を設立した光明《こうみょう》皇后などにより社会事業も熱心に始められました。こうした効能が、文字に親しみ始めていたインテリ層を魅了したことは疑いありません。

しかし、今度は、仏教の教えは高尚《こうしょう》すぎて、個人の悩みを解決してくれないという不満が出てきました。また、寺院や僧侶への保護の結果、僧侶が増えすぎたり、平城京が寺院に占拠されてしまうという弊害《へいがい》も出てきました。

これは贅沢《ぜいたく》な道具立てを伴う仏教が陥りやすい罠《わな》です。かつて南北朝時代の中国でもそんなことが問題になりましたし、唐の末期には、仏像や仏具に銅が使用されすぎて貨幣《かへい》経済をゆがめるほどになって会昌《かいしょう》の廃仏毀釈《はいぶつきしゃく》という大事件が起きました（最澄《さいちょう》の弟子である慈覚大師《じかくだいし》円仁《えんにん》が遭遇したことで有名です）。政治へ影響を与える弊害も道鏡《どうきょう》事件のような形で出てきて、平城京から平安京に遷都される理由のひとつにもなり、桓武《かんむ》天皇は平安京に寺院の移転を認めず、東寺《とうじ》と西寺《さいじ》のふたつの官寺《かんじ》しか開設させなかったのです。

桓武天皇や2代あとの嵯峨《さが》天皇は、最澄（伝教《でんぎょう》大師）や空海《くうかい》（弘法《こうぼう》大師）が唐から持ち帰った天台宗や真言宗を保護しました。最澄はもっとも大乗《だいじょう》仏教的な経典である法華経の優位性を主張し、修行する人自身の成仏《じょうぶつ》（仏の境地になること）より、「万人の成仏」をめざしました。また、最澄は死後の幸福を期待する浄土《じょうど》思想や、瞑想から真理へ近づこうという禅《ぜん》の考え方ももたらしました。

それに対して、空海は「密教《みっきょう》」を紹介しました。「密教」というのは、その教えがあまりに深遠で、その境地に達したもの以外にはうかがうことができないことから名付けられたのですが、秘密の教義と儀礼を師資相承《ししそうしょう》によって伝持し、加持祈禱《かじきとう》により現実を変えることができるという考え方です。護摩《ごま》などを使う儀式や所作《しょさ》が神秘的で魅力的であることや、個人の悩みに個別的に対処し、雨を降らせるとか、病気を治すことまでしてくれるので人気が出ました。さらに、本地垂迹《ほんじすいじゃく》説に基づき日本古来の神様は仏様の生まれ変わりだなどということにして喜ばれました。

もともと、ヒンズー教の神を取り入れることはインドでもされ、迷える衆生《しゅじょう》の一種として天部《てんぶ》の神々にしたりしていたのですが、さらに、本地垂迹説では、菩薩《ぼさつ》だ如来《にょらい》だとどんどん格上げされたのです。比叡山《ひえいざん》の麓の日吉大社《ひよしたいしゃ》などでは、大日如来《だいにち》と日吉山王権現《さんのうごんげん》と天照大神が同一だと言ったりしました。

この密教は、最澄も関心を持ったのですが、時間が足りずに学べず、空海から教えを受けるなどして、天台宗でも重んじられました。

八幡神が新羅から来たという説の意味

各地の神社に祀られている神様は、明治以降に神様になったものを別にしても、伊勢神宮の天照大神のように、記紀にその由来が書いてあるものも多くありますが、記紀にはなんの記述もないものも多く、また、異国に起源があるものもたくさんあります。また、天神《てんじん》さまが典型ですが、怨霊《おんりょう》を恐れて罪人として処《しょ》

三大神社(伊勢・出雲・八幡)を中心とした神道の歴史

大国主命が国譲りの条件に神社の創建を要求(神代)
伊勢神宮の創設(３世紀)
垂仁天皇が出雲大神を天皇の宮と同等に祀る(３世紀)
伊勢神宮外宮を丹後から移す(５世紀)
八幡大菩薩が宇佐の地に示顕したと伝わる(571年)
式年遷宮の制を制定(685年)
伊勢神宮で第１回内宮式年遷宮(690年)
隼人の乱に八幡神が自ら征討に赴く(720年)
奈良の大仏建立を八幡神が鳳凰付きの輿に乗り入京し助ける(749年)
八幡神が「道教を天皇に」と神託を出したというのが虚偽と判明(769年)
石清水八幡宮の創建(石清水八幡宮護国寺)。皇室第二の宗廟(860年)
杵築(出雲)大社の祭神が大国主命からスサノオ尊に変更(平安時代)
河内源氏が壺井八幡宮を創建(1064年)
鶴岡八幡宮を創建(1063年)
源頼朝が石清水八幡宮護国寺を勧請(1191年)
鶴岡八幡宮で源実朝を公暁が暗殺(1219年)
元寇に際して亀山上皇が伊勢や八幡に祈願(14世紀)
戦国時代で式年遷宮が中断(15〜16世紀)
尼子氏により仏教色の強い境内整備が行われる(16世紀前半)
外宮の式年遷宮が再開(1563年)
出雲の阿国が歌舞伎を始める(17世紀前半)
杵築大社で400年ぶりに遷宮を行い、祭神を大国主命に戻す(1644年頃)
伊勢神宮慶安のお蔭参り(1650年)
「ええじゃないか」の伊勢参り(1867年)
廃仏毀釈・神仏分離(1868年)
明治天皇が伊勢神宮参拝(1869年)
杵築大社を出雲大社と改称。近代社格制度制定(1871年)
橿原神宮を創建(1890年)
皇紀2600年で各地の神社が整備される(1940年)
「神道指令」をGHQが出して国家神道を排除(1945年)
佐藤栄作首相が伊勢神宮を正月に参拝し定例化(1967年)

断《だん》したはずの人を神様にすることも多くあります。

しかし、起源などもともとあまり意識されていなかったし、すでに書いたように、頻繁に変更されたり、変容《へんよう》したりするので、どこにどういう神様がいてどう重んじられているかということから、歴史を組み立てようと試みるなど止めた方がいいと思います。ここでは、ひとつの例として、全国に4万社もあって断然、一番多いと言われる八幡《はちまん》神社を例に考えてみましょう。

韓国起源説というのは、共通性があると、すべて韓国が起源だと言う現象をいいます。どちらが先かなどお構《かま》いなしで、漢字も韓国で発明した、孔子《こうし》も韓国人とか言うので中国人は本気で怒っています。日本人は嘘でも怒らないものだからどんどんエスカレートして、日本料理や武士道や茶道などから始まって、皇室やあちこちの家の先祖までみんな先祖は韓国人にされそうです。

私の名前の八幡《やわた》も韓国起源だとかいって同胞扱いしてくれる半島の人もいるのですが、私の先祖にはほかの日本人と同じように中国系、半島系、縄文系など色々いると思うものの、勝手に根拠なく父祖を決められるのは迷惑です。八幡姓《せい》も近く日本人の名字は住んでいる場所に由来するものがほとんどです。

に八幡神社があったことに由来するのが普通で、八幡神《はちまんじん》の由来とは関係ありませんし、全国の八幡さんとは、互いに親戚でもありません。

中世以降の神道では、応神天皇《おうじん》（誉田別命《ほむたわけのみこと》）の神霊が八幡神で、全国の八幡神社の多くでは、神功皇后《じんぐう》、比売神《ひめがみ》（具体的なモデルは特定できない）とともに八幡三神として祀っています。また、清和源氏《せいわ》の氏神として全国に広まり数え方にもよりますが全国に4万社以上あるとされています。

八幡神は記紀などに登場せず、宇佐《うさ》八幡神も九州のローカルな神様に過ぎなかったのですが、奈良時代の藤原広嗣《ひろつぐ》の乱における戦勝祈願《きがん》を機に「予言」がよく当たる神様として知られるようになりました。そして、大仏建立にあたっては、平城京に八幡神がやって来たというデモンストレーションを執り行って人気を集めて急速に勢力を拡大し、藤原仲麻呂《なかまろ》（恵美押勝）が新羅を討伐しようとしたときは主たる祈願の対象でした。

そして、道鏡事件のときは、和気清麻呂《わけのきよまろ》に「わが国は開闢《かいびやく》このかた、君臣《くんしん》のこと定まれり。臣をもて君とする、いまだこれあらず。天《あま》つ日嗣《ひつぎ》は、必ず皇緒《こうちょ》を立てよ。無道《むどう》の人はよろしく早く掃除《そうじょ》すべし」という神託を与えました。

さらに、奈良時代のころから応神天皇と同一視されます。欽明天皇の頃に「吾《われ》は誉田《ほんだ》の天皇《すめらみこと》・広幡《ひろはた》の八幡麿《やはたまろ》なり」として、この地に現れたという伝説もできました。

なぜ、八幡神のほうで応神天皇を同一視の対象として選んだのかといえば、神功皇太后の子だからとか、九州生まれなどということでなかったかと思います。逆に八幡神社があちこちできた結果、応神天皇への歴史的評価が上がったということもあります。記紀を見る限り、神功皇太后が長生きし女帝として君臨したので、応神天皇の治世は短く業績も少ないようなのです。

平安時代になると、石清水八幡宮《いわしみずはちまんぐう》が山城《やましろ》のいまの八幡《やわた》市に創建され、伊勢と並ぶ第二の宗廟《そうびょう》とされ、元寇のときにも大いに霊験《れいげん》あらたかでした。また、源氏の氏神《うじがみ》とされ、鎌倉の鶴岡《つるがおか》八幡宮も創建されて、軍神として信仰を集めます。

もちろん、中世にあっては神仏混淆で、宇佐神宮には弥勒寺《みろくじ》が併設され、八幡神は僧形《そうぎょう》で表現されました。そして、戦後は厄除《やくよ》けの神様として信仰を集めています。

それでは八幡神の本来の起源ですが、たしかに、宇佐八幡宮のあたりには、

「秦の国の人たちが多く住んでいた」という記録があります。その秦というのが、中国の秦《しん》、新羅《しんら》、帰化人の秦《はた》氏とそれぞれどういう関係かは複雑でよく分からないのですが、「古《いにし》へ吾《わ》れは震旦《しんたん》国（中国）の霊神なりしが、今は日域《にちいき》鎮守の大神なり」「辛国《からくに》の城に始めて八流《はちりゅう》の幡《はた》を天降《あまく》だして、吾《われ》は日本の神になれり」とあったりして大陸と縁があるという伝承もありますし、スサノオ尊の子孫が半島へ行って帰ってきたという豪族辛島《からしま》家の伝承もあります。

ただ、ポピュラーになって全国で同名の社ができたのは、お告げがよく当たるというので奈良時代に人気が爆発し、さらに、源氏の氏神となったからであってそのときに、もともとどこの国の神様かなど意識もされていません。

仏様がインド生まれだといっても、薬師《やくし》、不動《ふどう》、釈《しゃく》、大黒《だいこく》、観音寺《かんのんじ》などという名字の日本人がインド系ではありませんし、マリアやパウロなどの名前の教会が各地にあっても古代ユダヤと日本との間に関係があったわけでもありません。

つまり、神様の誕生には、帰化人も絡んだ歴史があるのでしょうが、それが広まったのは、最初の由来《ゆらい》と関係ない理由が多いので古代史の秘密がそれで解けるわけでもないし、半島との関連を幅広く論じても意味のないことなのです。

日向国一宮の祭神は大国主命という不思議

ほかに人気のある神様ですが、全国の神社で第2位は伊勢で、これは天照大神が祭神ですが、第3位は天神さまです。冤罪《えんざい》で陥れられて死んだ菅原道真《すがわらのみちざね》の怨霊を鎮《しず》めるための神社で、近年では受験の神様として人気を集めています。

第4位は稲荷《いなり》神社です。秦《はた》氏に関連した神社で、もともとは、伏見《ふしみ》稲荷の裏にある稲荷山を神体とする稲作の神様です。創建は一説に711年で、東寺と密接につながって発展した新しい神社で、弥生時代、古墳時代にさかのぼる歴史はありません。宇迦之御魂大神《うかのみたまのおおかみ》という伊弉諾《いざなぎ》の子ないし孫を祀っていますがマイナーですし、帰化人である秦氏の神社にふさわしくもありません。

さらに、出雲、春日、熊野というふうに続きますが、出雲についてはすでに紹介したとおりです。

春日大社は藤原家の守護神ですが、祭神は武甕槌命《たけみかづちのみこと》（常陸鹿島《ひたちかしま》神宮）、経津主命《ふつぬしのみこと》（下総《しもうさ》国香取《かとり》神宮）、天児屋根命《あめのこやねのみこと》（藤原氏の祖神）とその妻である比売神《ひめがみ》の四神です。

なぜ、関東の神を祀ったか不思議ですが、武甕槌命と経津主命は大国主命のもとに下って国譲りを説得した神で、それが関東平定の守護神になったということのようで、関東起源の神ではありませんし、この鹿島神宮の運営にあたって中臣氏が重要な役割を果たしていたとしても不自然なことでありません。

熊野という土地は、八咫烏《やたがらす》、徐福《じょふく》といった伝説の地であり、那智《なち》の滝のような感動的な自然もあります。フランスの作家で文化大臣だったアンドレ・マルローも、「自分はあまり自然景観に感動しないが那智の滝は別だ」と言ったほどです。

しかし、熊野信仰というのは、まことに不思議なものです。平安時代になって急に熊野詣《もうで》が流行しはじめ、さほど景色が良くない難路を延々と貴人たちが熊野へ向かいました。祭神も家都美御子大神《けつみみこのおおかみ》というよく分からない神様です。

たしかなことは、浄土信仰と合体して熊野信仰が全国に広まったことです。補《ふ》陀落渡海《だらくとかい》といって、釘《くぎ》で打ち付けた箱舟《はこぶね》に乗せられて沖合に放置されて浄土をめざすということが行われましたが、いずれにしろ、熊野信仰から古代史についてヒントを求めることは不適切です。

各地の神社の祭神も、その神社を支配した人たちが自分の趣味や、それまで信仰していた神様をあてはめただけのことが多いようです。天孫降臨の地である日向の一宮は都農《つの》神社ですが、その祭神は、大己貴命《おおむなちのみこと》（大国主命）です。これに、何か深い意味があると説明しようとすることは無意味だと思います。

これは別に神道に限ったものではありません。カトリックの聖地でも、スペインのサンティアゴ・デ・コンポステーラに聖ヤコブが、フランスのルルドに聖母マリアが現れたことになっていますが、そのことから、古代ユダヤとこれらの地に縁があるという前提で西洋史を理解しようという馬鹿な試みなど誰もしないと思いますし、日本の古代についても同様に考えるべきです。

第11章

遷都に秘められた謎

Q．都移りは怨念の産物か？

A．合理的な政治・経済・技術的判断で都は進化した

首都はその国の文明が凝縮されている

一国の首都がどのようなものであるかは、「その国のかたち」についての哲学の反映だといえます。中国では、皇帝の都は、天命を受けて地上を治める帝王の権力の象徴であり、宇宙の中心とつながる場所でした。

ですから、首都は地上の真ん中にあるべきで、伝統的には黄河《こうが》の流域で、中《ちゅう》原《げん》の中央に位置する洛陽《らくよう》付近が理想だと考えられてきました。夏《か》や殷《いん》の都もだいたいこの地方にありましたし、東周《とうしゅう》や三国時代の魏、南北朝時代の北魏《ほくぎ》、さらには一時期の唐の首都もここにありました。

しかし、軍事的には北方や西方の異民族への備えのために最強の軍隊を前線に置かねばならず、古代にあっては陝西《せんせい》省の長安（西安《せいあん》）、近世では万里の長城に近い北京など前線に首都が置かれたことも多いのです。

西洋ではパリ、ロンドン、ローマ、イスタンブール、バグダードなど政治だけでなく経済や文化などすべての分野で文明の中心である首都が好まれました。

しかし、アメリカが18世紀にワシントンという連邦構成州のなかで中立的な場所で、機能も政治に特化した首都を選んだあたりから、だんだん、そういうタイプの首都が増えています。ブラジリアやキャンベラが典型ですが、EUでは事務局はブリュッセル、議会はストラスブール、ヨーロッパ裁判所はルクセンブルク、中央銀行はフランクフルトというように、フランスとドイツの中間地帯の各都市に分散させるという選択をしました。

古代日本では、大化の改新以前には、宮廷は代替わりごとに移動していました。建築が礎石《そせき》に乗せるのでなく掘立小屋《ほったてごや》式なので寿命が短かったということもありますが、豪族の屋敷は同じように移動したのではありませんから、何らかの宗教的な意識があったのかもしれません。しかし、だんだんと固定し、大和では倭京《わきょう》と呼ばれるいまの明日香《あすか》村付近に定着し、やがて藤原京、平城京、長岡京、平安京といった中国式の都城《とじょう》が建設されるようになりました。

そのあたりも含めて、本書のこれまでのまとめとして、首都の変遷から古代史のおさらいをしてみようと思います。

九州が日本の中心だったことはない

日本の都の所在地の変遷を日本地図に描き込んだとき、九州↓近畿↓関東とする人がいます。しかし、日本国家の中心は誕生から近畿にあったので、九州にあったことはありません。

神武《じんむ》天皇は、記紀《きき》でも九州で領主だったとは書いていませんし、仮に領地を持っていたとしても、大和《やまと》に移ったときに日向《ひゅうが》の支配権は失っています。

卑弥呼が九州にいたなら、ローカル政権に過ぎません。邪馬台国東遷《とうせん》説もありますが、九州王国の東遷を窺《うかが》わせる史書の示唆は何もないのに大胆すぎます。日本国家の成立は、崇神《すじん》天皇が本州中央部を押さえたときだと思います。

要するに、3世紀に本州中央部を支配下に置いた畿内国家が徐々に勢力を拡大して、ついに、半島との広範な交流をしていた筑紫《ちくし》諸国も含めた九州全域を陥れ、朝鮮半島の一部まで勢力下においた以外の可能性はゼロと断言できます。

中国側で、断続的に国交があった奴国《なこく》、邪馬台国、大和朝廷を「倭国」という継承国家として扱っていたとしても、日本にとって知ったことではありません。

鎌倉時代や江戸時代には、首都機能が幕府の関東と朝廷がある関西で分担されていました。また、副首都的なものが存在していた時代もあります。大宰府《だざいふ》は白村江の敗戦の後、7世紀の後半に建設され、そこに大宰帥《だざいのそち》という長官が置かれて副都的な存在として機能しましたが、それ以前から、九州になんらかの出先機関的な機能を担う人物が派遣されていたことはあったでしょう。いずれにせよ、大宰帥は南北朝の混乱までは任命されていましたし、南北朝時代には南朝の懐良親《かねよし》王が明から日本国王として扱われたこともあります。

一方、東日本では多賀城《たがじょう》がミニ大宰府的な存在だったのち、源頼朝が鎌倉に幕府を開いて近畿と首都機能を分担するようになりました。室町時代にも、関東に関東公方《くぼう》がいて東日本を半独立王国化していました。朝廷との役割分担だけでなく、幕府でも鎌倉時代に六波羅探題《ろくはらたんだい》が、江戸時代には大坂城代《じょうだい》と京都所司代《しょしだい》が、それぞれ幕府の西日本出先機関として重要な役割を果たしていました。

葛城王朝はあったのか

神武天皇から［第9代］開化《かいか》天皇までは、大和盆地の南西方面を行ったり来たりしていました。畝傍《うねび》山の近くに橿原《かしはら》神宮はあり、［第2代］綏靖《すいぜい》天皇の宮は葛《かつら》城《ぎ》山の麓から河内長野《かわちながの》に出る街道沿いにあります。司馬遼太郎の母方の実家がこのあたりで、『街道をゆく』の舞台にもなりました。

皇后の出身豪族の本拠地に近いところにいたことが多そうで、また、だんだん大和の中心地に近づいていくことも見てとれ、欠史八代についての記述も無意味ではないことが分かります。

崇神天皇より前を葛城王朝といい、纒向《まきむく》・三輪《みわ》地方の領主である崇神天皇がこれを征服したのだと言いたがる人がいます。しかし、記紀という天皇家側の記録が、「自分の先祖は大和盆地の片隅の辺鄙《へんぴ》なところの小領主だったが、10代目の崇神天皇の時に、いちばん栄えていた纒向・三輪地方を征服した」と言っているのを、史実はその反対だという動機が説明できません。

崇神天皇の宮は三輪神社の南に、垂仁《すいにん》天皇と景行《けいこう》天皇の宮は纒向遺跡や箸墓《はしはか》古墳を見下ろす山腹にあります。「纒向の日代《ひしろ》の宮は 朝日《あさひ》の日照《ひで》る宮 夕日の日がける宮 竹の根の根垂《ねだ》る宮 木《こ》の根の根蔓《ねば》ふ宮」と『古事記』に歌われています。「倭《やまと》は 国のまほろば たたなづく 青垣《あおがき》 山隠《やまごも》れる 倭《やまと》しうるはし」と景行天皇が詠んだ風景がこれかと実感できます。

日本が統一されたときの首都は穴太高穴穂宮

崇神天皇の孫である景行天皇は、息子のヤマトタケルの活躍で北九州を除くほぼ列島全体を勢力圏に収めましたが、その晩年になって、大津市北部にある近江の穴太高穴穂宮《あのうたかあなほのみや》に移りました。安土《あづち》城の石垣をはじめ全国の城の穴太《あのう》積みといわれる石垣を築いた石工集団である穴太衆の故郷です。

この高穴穂宮が日本の首都だったときに、仲哀《ちゆうあい》天皇と神功《じんぐう》皇后は、熊襲《くまそ》反乱の報せを聞いて九州に遠征し、そこで天皇は亡くなります。皇太后は朝鮮半島に遠征し、戦利品と幼い皇子を連れて畿内に凱旋したとき、仲哀天皇の別の皇子たちが宇治や逢坂山《おうさかやま》で待ち受けて抵抗しましたが、皇太后が勝利し、宮廷を大和に移しました。

この戦いがなければ、穴太高穴穂宮が統一日本最初の首都の名誉を引き受けるはずだったのに残念なことです。不思議なことは、この都を地元の大津市や滋賀県は神話扱いして無視していることです。私はこの宮の存在は間違いなく史実だと思いますが、それは横に置いても、歴史学者が疑問を指摘しても地元くらいは正史にまで書かれた伝承は大事にしたらどうでしょうか。

さて、この穴太高穴穂宮というのは、大和の地を離れた最初の宮です。これには、どういう背景があるのでしょうか。

実は、戦国時代の本拠地移転から、現代の企業の本社移転まで共通した事情があるのです。宮廷で力を持つ有力豪族たちにせよ戦国武士にせよ、それぞれ、農村に防備を備えた本拠地を持ち、その周辺で農業を経営しています。そして、そこから宮廷や城に通います。また、本拠地の農民たちはいざというときには武器を持って動員されます。

ただ、彼らは兼業農家ですから、フルタイムでしっかり官僚や軍人としての仕事をできません。また、気にくわないことがあると本拠地に籠《こ》もったり、罪人や政治的なお尋《たず》ね者をかくまったりしますのでやりにくいのです。

そこで、織田信長や豊臣秀吉は、本拠地を遠いところに移すことで、武士たちを本拠地から切り離して、フルタイムで働き、また殿様に忠誠を尽くすことでしか生きることができない存在にしたのです。

信長の小牧《こまき》山や岐阜《ぎふ》への移転もそういう意図でしたが、安土城下でも火事があって出陣中の武士の屋敷が燃えたときに家族が尾張《おわり》に帰ってしまっていたのを知り、さっそく、家臣を派遣して尾張の屋敷を壊し家族を強制移住させたのです。そういう、フルタイムのプロ集団だったので、織田軍団は強かったのです。

現代の企業でも地方の企業では幹部従業員が兼業農家だったり家業を持っていたりすることが多いのですが、それは、大企業に成長してくると邪魔になるので、本社を東京に移す理由のひとつになります。

そういうわけで、この穴太高穴穂宮への遷都ののち、多くの天皇が宮を大和以外につくることを試みました。新しい都では、豪族たちも本拠地から通勤でなく、職住近接で屋敷を構えるしかありません。碁盤《ごばん》の目の条坊《じょうぼう》制がいつから成立したかは分からず、孝徳《こうとく》天皇の難波豊碕宮《なにわのとよさきのみや》とか、持統《じとう》天皇の藤原京など議論がありますし、大津京については、近隣のJRの西大津駅を大津京駅に変更するときに反対運動をして裁判までした人がいました。

大津京で条坊制があったのかどうか私も分かりませんが、普通に考えて、大和を離れた宮では、ある程度、計画的に大宮人《おおみやびと》の屋敷は割り当てられ、計画的な都市作りが行われたのは当然であると思いますから、そういう意味では、大津京といった言葉を使うことに不都合はないと思います。

近江という場所は、東国の入り口でもあります。近江と周辺国との国境には、愛発《あらち》（越前）、不破《ふわ》（美濃）、鈴鹿《すずか》（伊勢）の3つの関《せき》が設けられます。そして、大和ともまっすぐ山の中を抜ける田原道《たわらみち》と、伏見から山科《やましな》を通って逢坂の関を越える奈良街道（伏見から京都を通らずに大津へ抜ける道で江戸時代の西国大名の参勤交代にも使われました）で結ばれる要地だったのです。

このの後大津には、天智《てんじ》天皇の大津京や淳仁《じゅんにん》天皇の保良宮《ほらのみや》も設けられました。

「倭王武」の都から飛鳥の「倭京」へ

穴太高穴穂宮に拠った皇子たちに勝利を収めた神功皇太后は、事実上の女帝として天下を治めましたが、その本拠にしたのは、磐余《いわれ》の稚桜宮《わかざくらのみや》でした。奈良県桜井市でも三輪や纒向はJRや近鉄線より北側ですが、磐余は南側で、東は長谷《はせ》寺《でら》や室生寺《むろうじ》、そして伊賀の名張《なばり》に抜ける地域です。

大和が弥生時代から栄えたのは、大和川の流域にほどほどの傾斜があって、水

古代の宮都(58ページの大和南部を除く)

①春日率川宮	開化天皇	⑥弟国宮	継体天皇	⑩恭仁京	孝謙天皇
②志賀高穴穂宮		⑦難波豊碕宮*		⑪難波京*	
	景行・成務・仲哀天皇	⑧近江大津宮		⑫紫香楽宮	聖武天皇
③難波高津宮	仁徳天皇		天智・弘文天皇	⑬保良宮	淳仁天皇
④樟葉宮	継体天皇	⑨平城京		⑭長岡京	桓武天皇
⑤筒城宮	継体天皇		元明・元正・聖武天皇等	⑮平安京	桓武天皇

＊はいずれも同じ大阪城南側。
古代の宮跡を地図上に示してみた。異説もあるが最有力なものだけを記載した。このほか、仲哀天皇および斉明天皇が西日本に遠征して宮を営んだことがあるが、ここでは割愛した。

田づくりにちょうどよく、大阪湾からも小舟で遡上《そじょう》できたからです。当時の大和川は現在の堺《さかい》市北方でなく、大阪城の北側で淀《よど》川と合流していました。奈良県に入ると、大和郡山《こおりやま》市の南で奈良市方面への佐保《さほ》川と本流（初瀬《はせ》川）とに分かれます。そして、三輪市南部で長谷寺方面への山間部に入る直前にあった船着き場に発展したのが海柘榴市《つばいち》という市場町でした。

聖徳太子の時代に隋から来た裴世清《はいせいせい》も水運を利用してここまで遡上してきたという記録があります。纏向方面からこちらに宮の所在地が変わったのは、より、大和川に近いところに移りたかったからでしょう。

応神《おうじん》天皇の後期になると大和川の河口の難波に宮は移ります。そして仁徳《にんとく》天皇は、難波高津宮《たかつのみや》で政務を執りました。いまの大阪城の南側で南から続く上町台地《うえまちだいち》の先端です。このころ、大阪湾から見ると、生駒《いこま》山を背景にして左に高津宮が、右には建設中の仁徳天皇陵が丘の稜線に姿を見せていたかもしれません。

これからしばらくは、磐余地方など大和が主ですが、海に近い河内や難波にも時々、宮が営まれるという繰り返しが大化の改新まで続きます。

とくに、海柘榴市から少し渓谷を上流に向かって遡《さかのぼ》ったところにある雄略《ゆうりゃく》天皇の泊瀬朝倉宮《はつせのあさくらのみや》は、埼玉県の稲荷山《いなりやま》古墳の被葬者も若いころに天皇の宮廷で仕えていた場所であることが実証され注目されました。東方の大国としてアジア史に本格登場した倭国の首都だったわけです。

継体《けいたい》天皇のときには、はじめ、大和に入れず各地を転々としましたが、そのあたりの事情は第6章に書いたとおりです。その後、宮は大和盆地南部のあちこちを移動しましたが、推古《すいこ》天皇のころから蘇我氏の地盤に近い飛鳥《あすか》地方に置かれ倭《わ》京《きょう》と呼ばれました。だんだん都市的な景観になってきたのでしょう。

舒明《じょめい》天皇の岡本宮《おかもとのみや》が始まりで、皇極《こうぎょく》天皇の板蓋宮《いたぶきのみや》は、中大兄皇子と中臣鎌足が蘇我入鹿を斬殺した大化の改新の舞台です。ただし、現在に遺跡として残るのは、同じ場所に営まれた天武天皇の飛鳥浄御原宮《きよみはらのみや》です。

石敷き広場や石組みの井戸などが復元され自由に拝観できますが、板蓋宮や岡本宮はさらにその下に埋まっていると思われます。北向きというのが欠点ですが、ゆるやかな傾斜地で、土地をゆったりと使うこともでき、新羅の慶州《けいしゅう》などに通じるものがある風景だと言う人もいます。

藤原京は測量の失敗、平城京は水運が劣悪

碁盤の目の条坊制が本格的に導入されたのが藤原京であることは確かですが、大津京や難波豊碕宮で導入された可能性も高いとはすでに書いたとおりです。しかし、遣唐使が頻繁に派遣され、留学生も帰国し、外国人から馬鹿にされないためにも、長安に負けない都をつくりたいという欲が出てきました。

そこで天武天皇が構想し、持統天皇が完成させたのが藤原京です。大内裏《だいだいり》が北側でなく真ん中にあるのは、洛陽や北京も同じですから珍しくありません。天につながる地上の中心という考え方の反映です。一方、平城京や平安京、それに長安は北の端《はし》です。これは天の中心である北極星《ほっきょくせい》につながるということです。

藤原京は広大でしたが、大和三山を町の中に取り込んだ形で、しかも南の方が標高は高いという欠点があり、排水などもうまくいかなかったようです。また、測量の不備から区画も不整形でした。

そこで思い切って、慣れ親しんでいた飛鳥の地をあきらめて、大和盆地の北の平城京に移ることになりました。このときに、引っ越しの途中の天理《てんり》市あたりで

元明《げんめい》天皇が詠んだ「飛鳥《とぶとり》の明日香《あすか》の里《さと》を置《お》きて去《い》なば　君《きみ》があたりは見《み》えずかもあらむ」〔和銅《わどう》三年庚戌《こうじゅつ》の春二月、藤原宮より寧楽宮《ならのみや》に遷《うつ》りまし時に、御輿《みこし》を長屋《ながや》の原《はら》に停《とど》めて迥《はる》かに古郷を望みて作れる歌〕という歌が『万葉集』に収められています。

「飛ぶ鳥の明日香の里を後にしていったなら、あなたのいるあたりを目にすることができなくなってしまうだろうか」といった意味で、人々の飛鳥への郷愁《きょうしゅう》が伝わってきます。

この平城京は、もはや長安にも負けない立派な都だったのですが、聖武《しょうむ》天皇はあちこち流浪《るろう》の旅に出ます。恭仁《くに》京、紫香楽宮《しがらきのみや》、難波《なにわ》京などを行ったり来たりします。平城京の物理的欠陥、怨霊のようなものを恐れていた、理想の仏教の都をめざすといったことが考えられますが、理由は複合的なように思えます。

物理的欠陥というのは、水運《すいうん》の悪さです。奈良には大和川の支流の佐保川しかありません。このために、物資の搬入や廃棄物の搬出の能力が限られ、人や物の出入りが盛んな律令国家の首都としては無理がありました。

そこで、奈良阪《ならざか》を陸路で越えて木津《きづ》川と結んでいたのですが、そこに恭仁京を建設して、平城京と補完関係になる双子都市の建設を橘《たちばなのもろえ》諸兄は推進しました。

難波京は港町ですから水運は問題ありませんが、海に面した都というのは、防衛上も災害の多さからいっても異例です。紫香楽宮は、大仏をここに置く発想から出発しているように思います。理想の仏都《ぶつと》としての雰囲気はありますが、大都市としては立地条件が悪すぎます。

この放浪は、奈良に大仏をつくるということで決着します。次に、孝謙《こうけん》天皇は陪都《ばいと》を持とうとしました。はじめは、大津の石山寺《いしやまでら》の近くに保良宮《ほらのみや》を置き、西京としての難波京に対して北京と位置づけました。のちには、道鏡の本拠地に由義《ゆげの》宮《みや》を置きました。

かつて、仁徳《にんとく》天皇か豊臣秀吉のどちらに大阪のルーツを求めるべきかという論議がありました。連続性ということでは、中世に京都の山崎《やまざき》が重要な港湾都市になって、難波は熊野詣《もうで》の中継港くらいの役割になった時期があったので、秀吉に軍配が上がりますが、現在の大阪の「地形」は仁徳天皇によってつくられたものであるのもたしかです。

パナソニックの本社がある門真《かどま》のあたりの「茨田堤《まんだのつつみ》」によって淀川中流の流

路が一定となりました。大阪の都心を流れる大川《おおかわ》（旧淀川）は運河として開削《かいさく》された「堀江《ほりえ》」が発展したものです。そして、応神天皇の大隅宮《おおすみのみや》の場所は確定できませんが、仁徳天皇の高津宮《たかつのみや》は間違いなく大阪城南側です。

大阪が平安時代に衰《おとろ》えたのは、都が大和から京都に移ったからです。大和川は小舟しか遡れませんが、淀川は奈良時代でも山崎あたりまで、豊臣秀吉の時代からは伏見まで可能です。しかも、京都からですと大阪は淀川の反対側になって渡《わた》し船《ぶね》で結ばれるしかありませんでした。

そこで、聖武天皇が平城京に都が戻っても維持されていた難波京から、長岡京建設時に大極殿《だいごくでん》が移築され、793年には摂津職《せっつしき》という特別の位置づけだったのが、摂津国に格下げになり衰退しました。大阪の町が復活するのは、蓮如上人《れんにょしょうにん》による御坊《ごぼう》建設とその石山本願寺《いしやまほんがんじ》への昇格、そして、その跡を利用した豊臣秀吉による大坂城建設のときです（明治時代に大坂から大阪に改名）。

秦氏の土木技術で実現した千年の都

桓武天皇が長岡京、さらに平安京へ遷都したのは、平城京の水運の悪さが第1

の理由です。ついで、豪族たちを本拠地と切り離す意味もありました。そして、奈良仏教が高コストだった理由があると思います。

それではなぜ山城北部かということですが、宇治川、桂川《かつらがわ》、鴨川《かもがわ》などが流れる山城北部は水運は便利なのですが、洪水が心配でした。雨になれば、自由自在に流れを変えて家々や田畑を呑《の》みこんでいったと思います。しかし、このころになると、帰化人たちの努力もあって、土木技術が進歩してきたはずです。

長岡京は水運では理想的でした。このあたりまでは、大阪湾から容易に大きな船が遡上できました。平安時代に土佐《とさ》から帰る紀貫之《きのつらゆき》が、山崎で船を下りて、あとは陸路をとっていることでも分かります。

しかし、洪水の危険はより大きく、また地盤も悪く、造営工事が中止されたのは、藤原種継《たねつぐ》暗殺事件もありましたが、洪水であきらめたのだと思います。

それに対して、平安京の場所はだいぶ安全です。それでも、白河《しらかわ》上皇が意のままにならぬものとして、賽《さい》の目と比叡山の僧兵と並んで鴨川の水を挙げたように、その治水《ちすい》は大変だったのですが、それでも、なんとか都を維持できる範囲でしたし、土木事業に長じた秦《はた》氏の地盤だったことも、有利な条件でした。

平安遷都の理由として、あたかも、帰化人が自分の地盤であるこの地に都を引っ張ってきて日本を支配したような言い方をする人がいますが、それは、韓国の誇大妄想と国粋主義に踊《おど》らされているのであってみっともないことです。もし、そんなに強力なら、秦氏は藤原氏と肩を並べていたはずですが、実際には中級貴族がやっとで、やがて歴史の表舞台から姿を消します。それは、桓武天皇や藤原冬嗣《ふゆつぐ》の母を出したほどの百済の王族も同様です。

ただ、有力ゼネコンとして秦氏をみれば、その地盤であったことは新都建設に有利な条件だったということで間違いありません。

第12章

大唐帝国と日本

Q．遣隋使・遣唐使は対等外交だったか？
A．厳密な意味で対等とは言えないが、双方相手の立場に配慮していた

日本には唐の文明が残っていると喜ぶ中国人

中国人観光客が日本に来て良い印象として語ることのひとつに、日本は中国が失った唐の時代の良さが残っているということがあるのは、すでに紹介したとおりです。

仏教が栄えて、世界各国の文化を積極的に取り入れ、過度の仰々《ぎょうぎょう》しさもないことは、その後の北方民族の支配で中国が失ったものですが、日本にはあるのです。コラム「書き言葉としての日本語の成立」(156ページ)でも書いたように、漢字の読み方も漢や唐の時代の読み方が日本語では主流ですし、服装も昔は中国でも合わせ襟《えり》でした。

また、奈良には唐の様式による社寺があり、正倉院には唐からもたらされた秘宝が、細かい由来を記した記録とともに保存されていますし、宮内庁では雅楽《ががく》が演奏され、京都の町には条坊《じょうぼう》制の道路がほぼ完全に残っています。

日中友好のためには、日本が過度に独自性を強調するのもよくありませんが、中国が大国意識で優位を主張するのも困ります。そういうなかで、多くの方面で、中国より日本のほうが正統な漢《かん》民族の文明の継承者なのだというような気持ちを持っておくと、互いのプライドが傷つかないのではないでしょうか。

韓国・朝鮮との関係については、古代から朝鮮民族とか国家のようなものがあったという前提を否定しなくては始まらないと思います。たとえば、4世紀から7世紀には、日本、高句麗、百済、新羅、それに群小国家が並列《へいれつ》だったということから始めないと、近代の2国間関係と妙に関連づけられ、よくありません。

たとえば、藤原仲麻呂《なかまろ》（恵美押勝）が奈良時代に新羅遠征を計画したことについて、日本の歴史家で「新羅侵略計画」と言う人がいますが、そもそも、新羅が日本の支配地域だった任那《みまな》を侵略し、友好国だった百済を唐が侵略するのに加勢し、その後、領土をかすめ取ったことをとがめ、任那の奪還と百済の独立をめざすのが「侵略」のはずがありません。韓国に洗脳されたとしか言いようがなく、日本人としてちょっと恥ずかしいのではないでしょうか。

そんなことを考えながら、大唐帝国の全盛期以降に、日本と中国、それに韓国とが、どんな関係だったかを最後におさらいしてみたいと思います。

遣隋使は対等外交だったのかという疑問に答える

日本は中国への朝貢国《ちょうこう》でなく、対等の関係を遣隋使の時代から維持してきたといわれます。そのとおりかといえば、「間違いなくそうだ」ともいえないし、その一方、「近代以前の日本は東アジアの冊封《さくほう》体制のもとにあったのが現実だ」というのも事実に反します。

小野妹子《おののいもこ》が607年に隋の煬帝《ようだい》に持って行った国書では、「日出《ひい》ずる処《ところ》の天子、書を日没《ぼっ》する処の天子に致す。恙無《つつがな》きや」と書いてあったので、煬帝は立腹し「蕃夷《ばんい》の書に無礼あらば、また以《もっ》て聞《ぶん》するなかれ」と命じたとされます。

そこで翌年の国書では、「東の天皇が敬《つっし》みて西の皇帝に白《もう》す」としたとされます。このとき本当に「天皇」という言葉を書いたかは怪しいのですが、玉虫色《たまむしいろ》の表現にして、双方の顔が立つようにしたのでしょう。

近ごろも、日中首脳会談を、ＡＰＥＣを機会に北京で開くための合意文書でも玉虫色の合意文書に賛否両論ありました。もちろん、曖昧《あいまい》なことがいつでもいいわけでありませんが、そうでもしないと生産的な話し合いの糸口すらないことは多いのです。

日中の関係では、中国は「朝貢関係という形でしか外国とはお付き合いしませんよ」という立場であり、日本は「そんなのは知ったことでありません」という姿勢が互いに崩れないようにしてきたということなのです。

小野妹子が帰国したときには、随からの使者として裴世清《はいせいせい》が同行していますが、高圧的な態度をとらなかったようです。『日本書紀』には、国書を持ち二度再拝して使いの旨を言上《ごんじょう》したといっていますが、そこまではやらなかったにしても、摩擦が起きないように我慢したのでしょう。日本との良好な関係は隋にとって重要だったのです。

遣隋使は日本から見れば、日中国交回復に似ています。蔣介石《しょうかいせき》が台湾へ1949年に逃げたあとも日本は国民政府と国交を持っていました。ところが、1972年になって北京政府を承認しました。

中国の南北朝時代にあって日本は、建康《けんこう》（南京）を首都とした南朝の方が漢帝国の正統的後継者なので、こちらと国交を持っていました。ただし、あまり役に立たなかったので、雄略《ゆうりゃく》天皇が478年を最後に国交を停止してしまいました。

そののちも、南朝は弱体化しつつ生き伸びていましたが、589年に最後の陳《ちん》王朝が隋によって滅ぼされてしまいました。

隋の帝室は武川鎮《ぶせんちん》(内蒙古《うちもうこ》自治区武川県)を地盤とする楊氏です。山西省《さんせい》大同《だいどう》に石仏《せきぶつ》を残したことで有名な北魏の時代に、主要な貴族のひとつとして活躍し、北魏の皇帝の縁者でもありました。

日本では本当は鮮卑《せんぴ》族でないかという学者もいますが、鮮卑族の皇帝のもとで漢族の有力者を名乗っていたのですから、それはまったく突飛でしょう。

この隋は統一を実現すると、突厥《とっけつ》や高句麗と激しく争いました。初代皇帝の文《ぶん》帝《てい》(楊堅《ようけん》)は突厥を東西に分裂させた勢いで(583年)、30万の遠征軍を高句麗に送ったのですが、大失敗に終わりました(598年)。

そういう状況のもとで、半島に影響力のある大国日本と友好関係を確立することは望ましいことでした。日本としては半島情勢もさることながら、百済をはじめとする半島諸国を経由しての大陸文明導入を進めていましたが、物足りなさが出てきたのは無理ならぬことで直接の国交を望む動機がありました。

いずれにしろ、ここに、高句麗を牽制したい隋帝国と中国文化の導入や任那の回復を志す聖徳太子の利害が一致し、国交の樹立が図られたのです。
『隋書倭国伝』には、600年に日本から遣隋使が派遣されてきたとして、使節の名は「姓は阿毎《あめ》、字は多利思北孤《たらしひこ》」で「阿輩雞彌《おほきみ》と号す」とあります。中国側では、第1回の遣隋使としているのですが、『日本書紀』には記載がありません。阿輩雞彌は「大王」でしょうが、阿毎多利思北孤は小野妹子の先祖で、孝昭《こうしょう》天皇（第5代）の皇子だった天足彦国押人命《あめたらしひこくにおしひとのみこと》のことを通訳が混同しただけと見るのが自然です。

これを、当時の天皇の名前だというのは、中国の史書の文言にミスが一切ないと勘違いして起きる間違いです。現代の外交現場でも、英語などメジャーな言語でないと通訳の質も低いので、このくらいの間違いはよくあるという現場事情を知らない人には理解できないかもしれませんが、現実はそうなのです。

第1回遣隋使が日本側の記録にない理由は不明ですが、予備的な接触という認識だった可能性がいちばん大きいでしょう。この時代に倭国は九州にあったとかいう空想的な話はともかく、九州の出先か有力者が先行的に接触したというようなことはあり得ます。半島政策でも、大宰府《だざいふ》の設立以前に、大和と九州や半島の出先が、どう役割分担をしていたかは、あまりよく分からないのです。

日本も唐を西蕃として扱った

隋の煬帝は、日本と国交を確立したあと、大規模な高句麗遠征を強行したのです。第1回の遠征（612年）では、113万人を超える水陸の大軍が集められましたが、高句麗は偽《いつわ》りの降伏をして、隋軍が退くところを襲撃して大勝利をおさめました。翌年の第2回目の遠征は、反乱が起こって中止。第3回は、隋で農民が立ち上がって大混乱になりました。

617年になって、隋の王室と同じく北魏で漢人貴族有力者だった李淵《りえん》が反乱を起こし、長安を陥れ、煬帝の孫を皇帝に擁立したのを受けて、煬帝は近衛軍の兵士に殺され隋は滅亡しました。こうして李淵は唐朝の初代皇帝となりました。

そこで、第1回の遣唐使として、舒明《じょめい》天皇の630年に近江犬上郡《いぬかみぐん》の豪族出身の犬上君《いぬかみのきみ》三田耜《みたすき》が遣わされました。唐は高表仁《こうひょうじん》という人物を帰国に際して同行させましたが、日本でプロトコール上のトラブルに巻き込まれ天皇に面会しないまま帰国しました。

日本側が新羅や百済と同じく、蕃夷《ばんい》の朝貢使節として扱ったためといわれますが、とくに天皇への謁見となると、いずれが上位かが問題になるので、どちらが仕掛けたか分かりませんが、あえて会わなかったわけです。

そののち、唐は百済を併合するために遠征軍を送ろうとし、国際情勢は緊張していました。そのなかでの派遣だったので、６５９年の第４次遣唐使は、情報が日本に伝えられると困るため、２年も帰国を許されませんでした。

この翌年、唐は新羅の手助けもあって百済を滅亡に追い込み、さらに、６６３年には、日本は百済復興のために援軍を送りましたが、白村江の戦いで敗れました。このあとは、唐軍が日本に攻めて来ることも考えられましたので、各地に城を築き、九州における副都的施設として大宰府を建設し、その前面には、水城《みずき》を築きました。

遣唐使の派遣も６６９年の第７回のあと沙汰止《さたや》みになっていましたが、７０２年に則天武后《そくてんぶこう》のもとへ第８回遣唐使が派遣され、少なくとも長安では丁重な姿勢をとったようです。日本という国号を使ったのはこのときが初めてです。

大宝律令では、唐もあくまでも蕃夷扱いです。新羅などでは国内でも、国王の命令も詔《しょう》とか勅《ちょく》という字は使わず、「教」としていましたが、日本の天皇は詔や勅を使いました。あるいは、非公式には、中国を隣邦《りんぽう》という言い方をして、新羅など蕃国と区別したこともあったようです。

また、752年の藤原清河《きよかわ》を正使とする第12回の遣唐使では、玄宗臨御《げんそうりんぎょ》の朝《ちょう》賀《が》で、日本の席次が西畔《せいはん》（西側）で吐蕃《とばん》に次ぐ第2席で、新羅の東畔第1席より下であったことに抗議し、新羅より上席に代えさせる騒動がありました。

長安ではサラセン帝国の使節も朝貢扱いで、上記の朝賀のときも東畔第2席で文句を言わなかったくらいですから、対等の関係などと意地を張っても意味がありません。その一方、唐の方でも日本に対して、朝貢する立場らしく従順にしろなどと無理を言わなかったので、平和的な関係が維持できました。

また、朝貢は本来は毎年するものですが、日本は20年に一度くらいということになりました。

正使については、それなりの人々が任命されていますが、皇族だとか最高クラスの人はいません。これには、ある程度は中国語に通じたインテリでなくてはいけないということもあるでしょうが、やはり、朝貢のかたちをとっているので、プライドが許さないというところもあったはずです。

ところが、光仁《こうにん》天皇の777年の第16回遣唐使に代宗《だいそう》が国書をもって使節を派遣してきたので、再び、プロトコール上の問題が生じる事件がありました。このときは、天皇に謁見しているのですが、どのようにしたか不明です。

そんなこともあり、また、唐の国威《こくい》も衰えたので日本側は熱を失い、最澄や空海が参加した804年の延暦《えんりゃく》の遣唐使まで派遣は行われませんでした。

その後、「承和《じょうわ》の遣唐使」といわれる839年の派遣はありましたが、その次の894年は菅原道真の建議《けんぎ》で中止され、その後に唐が滅びたので、そのまま断交になりました。

遣唐使の派遣があまり行われないようになった背景には、民間貿易が盛んになったという理由もありました。唐と新羅で政府の力が弱くなったので、私《し》貿易船が増えたのです。日本はそれを利用したのですが、場合によっては、下級官吏《かんり》も参加していたようです。

ただし、私貿易でもたらされるものは、遣唐使が持ち帰ったような最高級品ではありませんでしたし、例えば留学生も、遣唐使についていった人たちのような待遇は受けられませんでした。

新羅との国交の終わりと渤海の滅亡

新羅と日本は地理的に近いので、互いに百済以上に直接的な関係が生まれる素地がありました。国引《くにび》きをめぐる出雲《いずも》神話もありますし、スサノオ尊が新羅の曽《そ》尸茂梨《しもり》に天降ってから出雲の鳥上峯《とりかみのたけ》に来たと『日本書紀』の「一書に曰く」という形で紹介されたりもしています。

神功皇太后の三韓征伐《さんかんせいばつ》も、まず、北九州の人々に新羅は宝《たから》の国だから討つべしと勧められたところから始まっています。また、任那の地を含む弁韓《べんかん》諸国は、百済より新羅を含む辰韓《しんかん》に言語なども近いと中国の史書にはあります。新羅の第4代王脱解尼師今《だつかいにしきん》が日本人らしいことは、すでに書いたとおりです。

しかし、新羅の影響が百済に比べて限られたものであるのは、中国文明の受容において、地理的に百済の方が有利な位置にあったことと、新羅は人口もたいへん小さかったからです。いずれにせよ、新羅は中国南朝からも日本の勢力圏として認められていましたが、日本に従ったり離れたり忙しい国でした。

日中交流経路の変遷

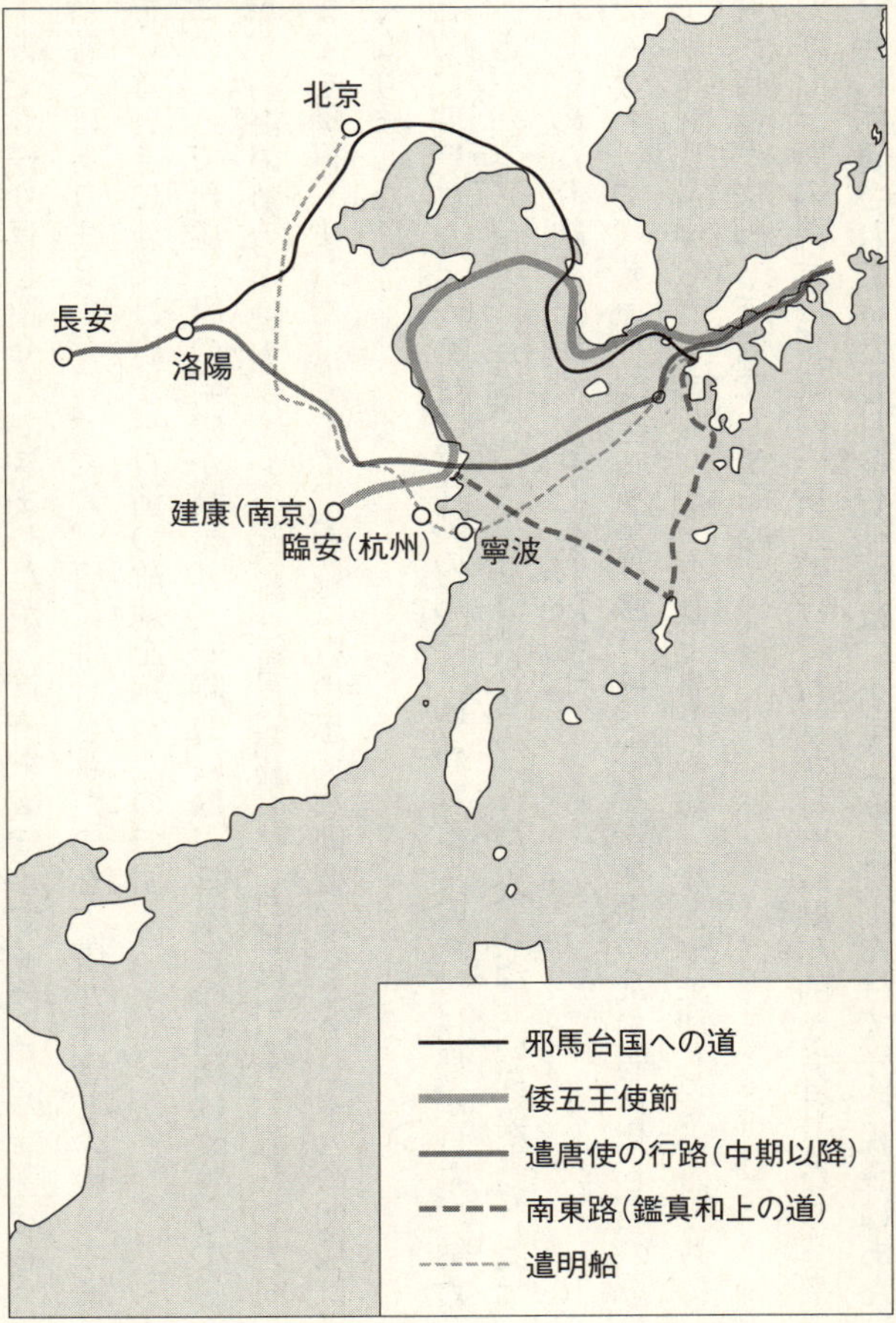
北京
長安
洛陽
建康(南京)
臨安(杭州)
寧波
邪馬台国への道
倭五王使節
遣唐使の行路(中期以降)
南東路(鑑真和上の道)
遣明船

本書でも繰り返し紹介してきましたが、百済を滅ぼして併合したのは唐であって新羅ではありません。いったん、唐に併合されたのを、唐が吐蕃との戦いで揉めているときに新羅は唐から百済の故地《こち》を奪ったのです。

このことで新羅と唐の緊張が高まり、一時的には、日本との関係は改善しましたが、渤海《ぼっかい》の勢力が拡大すると、新羅と唐は和解し、新羅は平壌《へいじょう》を流れる大同江《だいどうこう》までを獲得しました。そして、新羅は唐の忠実な同盟国となり日本との関係は悪くなりました。

とくに問題になったのは、「任那の調《みつぎ》」といわれるもので、任那が日本に納めるべき上納金《じょうのうきん》を現実に占領している新羅がせめて払うべきだという要求でした。これを納めたり納めなかったりしたわけです。

そんなわけで、藤原仲麻呂（恵美押勝）は、唐が安禄山《あんろくざん》の乱で弱体化したのを見て新羅討伐計画を立てましたが、孝謙上皇との対立などで延期しているうちに仲麻呂自身が失脚して断念しました。

しかし、唐の混乱と新羅の内紛を受けて新羅が日本に融和《ゆうわ》的な方針となり、779年に派遣されてきた正月参賀《さんが》使節は、土毛《どもう》（みやげ）だけでなく税金にあたる「調」を持ってきました。

そこで、日本は調子に乗って、次回からは正式の朝貢であることを意味する「上表文」を持って来いなどと言ったものだから、その後、新羅からの使節そのものが来なくなって断交したかたちになりました。しかし、日本としては、とくに通交するメリットもなくなっていたので、新羅が任那の調を持ってきたことで潜在《せんざい》主権を認めたものと了解して満足し、打ち止めにしたわけです。

一方、渤海は高句麗の遺民がツングース系の靺鞨《まつかつ》族とともに建国（698年）したのですが、渤海は唐及び新羅と対立していたので、日本とは友好関係を望み、727年から919年までに34回も朝貢してきました。彼らが北方ルートでもたらす渤海や中国の産物は日本にとっては魅力的でしたが、日本海側のどこかに風任せで漂着《ひょうちゃく》する渤海の使者を接遇《せつぐう》するのはたいへんな負担で、日本側から朝貢回数が多すぎると自粛を要望したほどです。

そして、渤海を滅ぼした契丹《きったん》が継承国家として東丹国《とうたんこく》を建てましたが（926年）、日本は継承国家と認めず、朝貢使節を拒否しました。

以上のような経緯を得て、日本は大陸との絆《きずな》を断ち、室町時代における懐良親《かねよし》王や幕府による変則的な明や朝鮮、さらに江戸時代の朝鮮通信使を通じた幕府と朝鮮王国との関係を別にすると、明治維新まで日中・日韓の正式の国交が持たれることはなかったのです。

冊封体制という言葉は、日本の媚中学者のガラパゴス学説

近代以前の東アジアは冊封体制のもとにあったと言う人がいます。しかし、中国も含めて日本以外ではそれほどよく知られた概念ではありません。先にも書いたように、戦後日本では天皇制の権威を落とすことが歴史学の使命みたいに受け取られ、その傾向はいまも続いています。そんななかで、天皇とか将軍も中国の皇帝の冊封体制の中にいたのだと言いたい人たちがいて、彼らによるマインドコントロールが行き渡っているということだと思います。

そもそも、冊封関係というのは、各国それぞれが持っている国内体制の問題です。江戸幕府でいえば、将軍の内臣というべき旗本《はたもと》がいます。それに対して、自治を認められた外様《とざま》大名を外臣としています。そして、琉球《りゅうきゅう》とか朝鮮とかアイヌといった外国だが従属的な朝貢国があると理解していました。譜代《ふだい》大名は内臣

と外臣の中間ですし、御三家《ごさんけ》などはむしろ、外臣に近い存在です。

そして、この外臣の領国を藩《はん》といいました。日本でも、新井白石《あらいはくせき》らが、日本の大名《だいみょう》領国がこれに似ているということで「藩」と呼んだりしましたが、朝廷との関係も配慮しなくてはいけませんので、公的には使われていませんし、一般にもあまり知られた呼び名ではありませんでした。

公式の用語になったのは、明治維新で政府直轄領は府県《ふけん》、大名領は藩と呼ぶことにして明治4年の廃藩置県《はいはんちけん》まで続いた短命の呼称でした。

日本の一部の歴史学者がいう冊封関係も、もともとは中国国内のもので、皇帝が一族や家臣に爵位《しゃくい》を与えて、金印《きんいん》や任命書を渡し、その代わりに権利義務が成立することです。

といっても、時代や地域ごとに扱いは多様です。たとえば、清《しん》朝末には、朝鮮、琉球、ベトナムだけがそういう関係にありました。国王は先代が死んだだけでは王になれず、皇帝の任命行為が必要でした。

あとは、中国の暦《こよみ》を採用すること、正月に北京を遥拝《ようはい》すること、朝貢使節を出して代わりに持っていったものの何倍もの値打ちがある下賜《かし》品をもらうことが内容です。それに侵略を受けたら守ってもらえるという期待もありました。

モンゴルとかチベットは国内の外臣であって、冊封国ではありません。チベットについては、ダライラマがローマ法王に似た宗教上の権威なのでややこしいものがありますが、どちらにせよ、清国の時代に「モンゴル、ウイグル、チベットが朝鮮などと同じく冊封関係にあった独立国だった」ということではありません。

また、琉球は薩摩《さつま》藩の保護国みたいなものでもありましたし、将軍にも朝貢していたわけです。清はこの冊封関係を近代国際法におけるなんらかの地位として位置づけたかったのですが、うまくいかず、ベトナムはフランスの保護国に、琉球は日本に併合、朝鮮はとりあえず大韓帝国《だいかんていこく》となり、やがて日本に併合されました。

それに、清代の冊封国と同じ制度が中国のほかの時代でも同じようにあったわけではありませんし、どの国に対しても同じような仕組みで接していたのでもありません。たとえば、明は足利義満《よしみつ》を日本国王にしましたが、義満の上に天皇がいることも知っていましたし、その後の歴代将軍が明の皇帝の任命を受けて初めて将軍になるわけでもありませんでした。倭王武《ぶ》でも、南朝から認めてもらうまで、倭王でなかったのではありません。

いずれにしろ、日本ではその君主が天皇を名乗り、独自の年号を持ち、勅書《ちょくしょ》を出し、国内では中国の使いを西蕃《せいばん》扱いしたり隣邦と呼んでいたのですから、新羅が冊封国だというのとは全く違ったものでした。

近代になると、大清帝国は、欧米諸国も朝貢国として扱い、イギリスの特使にも三跪《さんき》九叩頭《きゅうこうとう》を要求したりしました。一度だけ乾隆《けんりゅう》帝のときに英国王の御前での作法で良いと妥協したことはありますが、それ以降は、清側が原則論に固執したので各国の公使たちも皇帝に会えませんでした。

清の皇帝が各国大使の拝謁《はいえつ》を受けたのは、明治4年に特派《とくは》大使として北京入りした副島種臣《そえじまたねおみ》が李鴻章《りこうしょう》らを説き伏せて、三跪九叩頭なしに各国公使とともに面会したときが初めてでした。

日本が明治になって国交を求めたとき、清側では、古来の関係からして日本を冊封国として扱うのは無理であるとして、イギリス、フランス、アメリカ、ロシアなどと同様の単なる「朝貢国」として位置づけたのです。

つまり、古代において日本はたしかに中国に朝貢していましたが、それは、ローマ帝国やサラセン帝国と同じくそうだったというだけで、新羅とはそもそも立場は違ったのです。

東洋史と国際公法の両方に通じた、副島の理詰めの説得に応じて態度を変えたのです。この謁見のときに、副島は大使であるからとして各国公使より上席につきました。

そういうような訳ですから、各時代、各国に普遍《ふへん》的な概念としての冊封関係、冊封秩序などというものは存在しないのです。

また、言うまでもなく、「中国の冊封体制のもとで日本と朝鮮は対等の関係だった」などということも絶対にあり得ないのです。朝鮮通信使などについて、朝鮮と日本の対等の関係が成立していたなどと言う人がいますが、それは、中国と日本の関係も中朝の関係と同様に主従がはっきりしたものだったという誤った主張に道を開くものになりかねません。

以上のような、日本が２０００年に渡って繰り広げてきた外交努力を、中国や韓国に媚《こ》びることで台無しにすることは許されません。冊封関係といった言葉の意味を明らかにしないまま、文部科学省が指導要領に入れて子供たちに洗脳教育しているのも、まことに困ったことなのです。

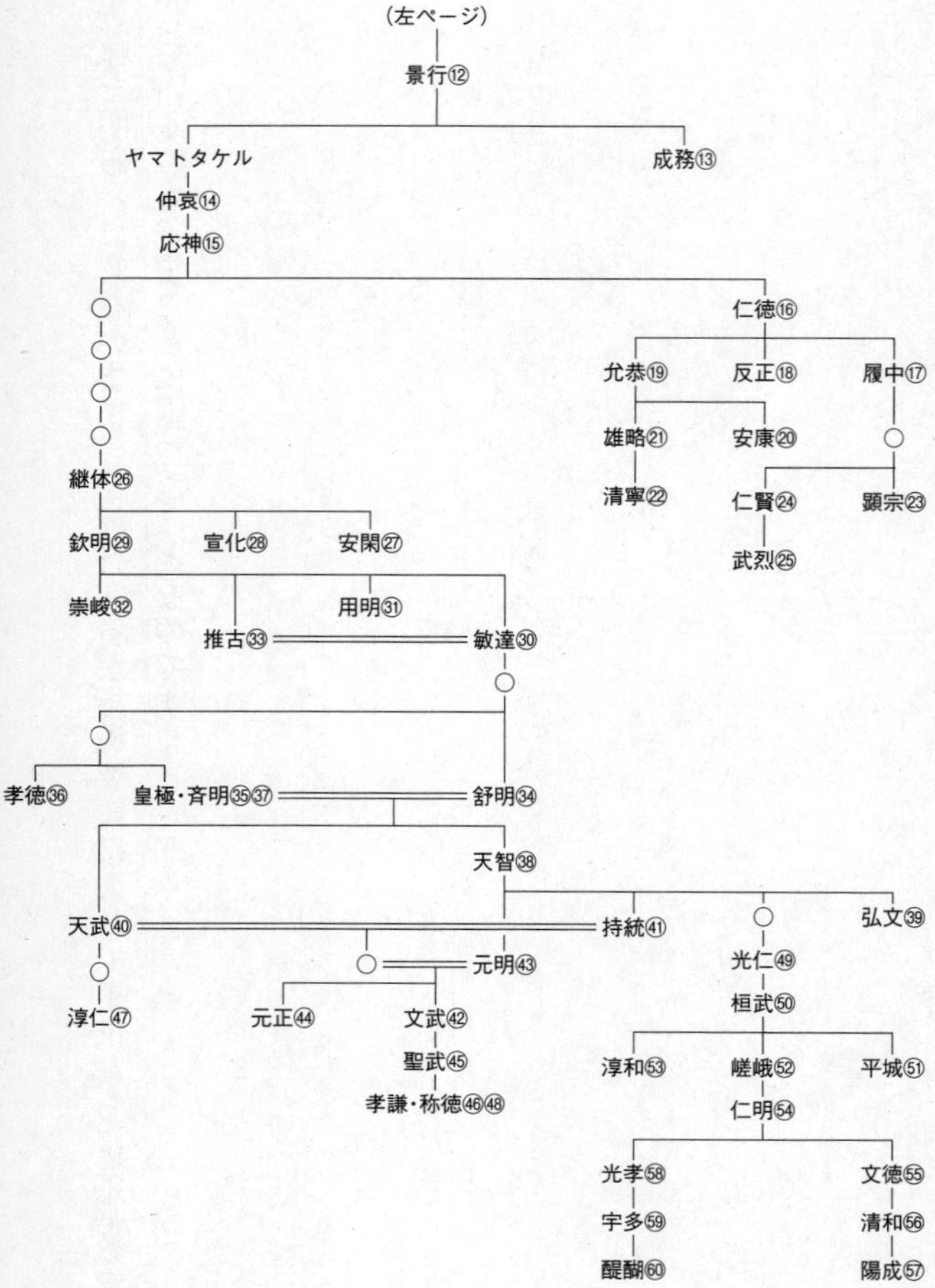
（左ページ）
景行⑫
ヤマトタケル
成務⑬
仲哀⑭
応神⑮
仁徳⑯
允恭⑲
反正⑱
履中⑰
雄略㉑
安康⑳
清寧㉒
仁賢㉔
顕宗㉓
武烈㉕
継体㉖
欽明㉙
宣化㉘
安閑㉗
崇峻㉜
用明㉛
推古㉝
敏達㉚
孝徳㊱
皇極・斉明㉟㊲
舒明㉞
天智㊳
天武㊵
持統㊶
弘文㊴
元明㊸
光仁㊾
淳仁㊼
元正㊹
文武㊷
桓武㊿
聖武㊺
孝謙・称徳㊻㊽
淳和53
嵯峨52
平城51
仁明54
光孝58
文徳55
宇多59
清和56
醍醐60
陽成57

神々と歴代天皇系図

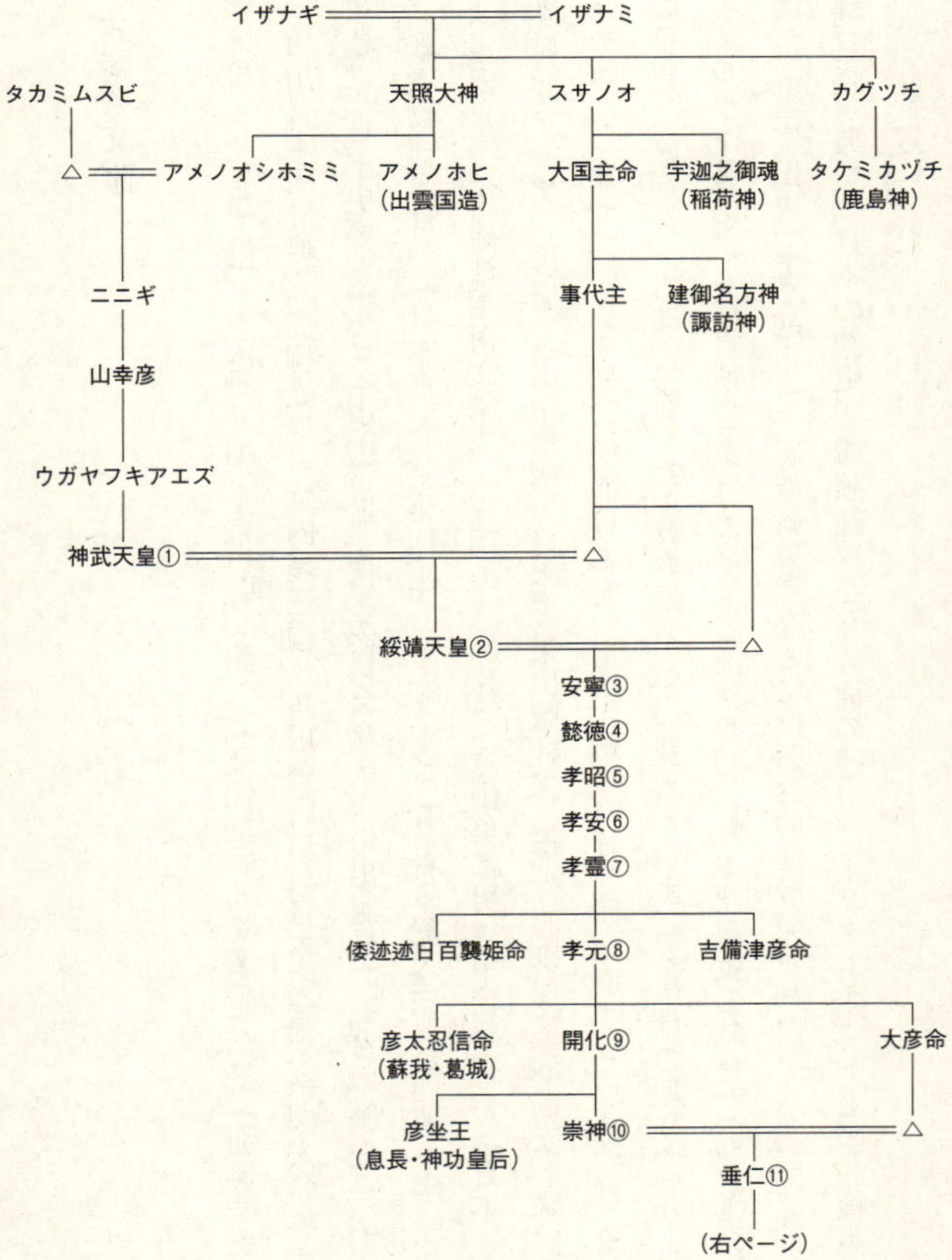

＊『日本書紀』の内容を優先し、記述がないときは『古事記』などによった。○は男子、△は女子

主な参考文献

『歴代天皇・年号事典』（米田雄介編・吉川弘文館）、『歴代皇后人物系譜総覧』（別冊歴史読本）、『角川日本史辞典』（高柳光寿・竹内理三編・角川書店）、『日本史諸家系図人名辞典』（講談社）、『日本史要覧』（日本史広辞典編集委員会編・山川出版社）、『日本歴史「伝記」総覧』（新人物往来社）、『日本書紀 全現代語訳（上・下）』『続日本紀 全現代語訳（上・中・下）』（宇治谷孟・講談社学術文庫）、『天平の三姉妹』（遠山美都男・中公新書）、『日本・中国・朝鮮 東アジア三国史』（田中俊明・日本実業出版社）、『稲作渡来民』（池橋宏・講談社選書メチエ）、『知っていますか、任那日本府』（大平裕・PHP研究所）、『古代朝鮮 三国統一戦争史』（盧泰敦・岩波書店）、『桓武天皇 当年の費えといえども後世の頼り』（井上満郎・ミネルヴァ書房）、『遣唐使』（東野治之・岩波新書）、『日本語誕生の時代』（熊倉浩靖・雄山閣）、『漢字伝来』（大島正二・岩波新書）などにはおおいに触発された。

各種百科事典や『日本の歴史』（講談社）など各種の通史、インターネット上の各種ホームページも参考にした。

なお、拙著のうち、『〇×でわかる［完全解説］なるほど！中国史』『歴代天皇列伝　日本人なら知っておきたい「国家の歴史」』（いずれもＰＨＰ研究所［Ｋｉｎｄｌｅ版］）、『世界の王室うんちく大全』（平凡社新書）、『皇位継承と万世一系に謎はない』（扶桑社新書）も参照されたい。

著者紹介
八幡和郎（やわた　かずお）
1951年、滋賀県大津市生まれ。東京大学法学部を卒業後、通商産業省（現・経済産業省）に入省。フランスの国立行政学院（ENA）留学。大臣官房情報管理課長、国土庁長官官房参事官などを歴任後、現在、徳島文理大学大学院教授をつとめるほか、作家、評論家としてテレビなどでも活躍中。
『歴代総理の通信簿』（PHP文庫）、『戦国大名 県別国盗り物語』（PHP新書）、『江戸三〇〇藩 最後の藩主』（光文社新書）、『本当は誤解だらけの「日本近現代史」』『本当は偉くない？ 世界の歴史人物』（以上、ソフトバンク新書）、『愛と欲望のフランス王列伝』（集英社新書）、『領土問題は「世界史」で解ける』（宝島社）、『世界の王室うんちく大全』（平凡社新書）など、古今東西の歴史についても多数の著作がある。

本書は、書き下ろし作品です。

PHP文庫 最終解答 日本古代史
神武東征から邪馬台国、日韓関係の起源まで

2015年2月19日 第1版第1刷
2015年3月20日 第1版第2刷

著者 八幡和郎
発行者 小林成彦
発行所 株式会社PHP研究所
東京本部 〒102-8331 千代田区一番町21
文庫出版部 ☎03-3239-6259(編集)
普及一部 ☎03-3239-6233(販売)
京都本部 〒601-8411 京都市南区西九条北ノ内町11

PHP INTERFACE http://www.php.co.jp/

組版 有限会社エヴリ・シンク
印刷所
製本所 共同印刷株式会社

ISBN978-4-569-76269-2

PHP文庫好評既刊

同時にわかる！日本・中国・朝鮮の歴史

小口彦太 監修／造事務所 編著

「高句麗は中国か朝鮮か？」「日宋貿易が招いた平安末期のインフレ」――二千年にわたる「三国の交流と争いのドラマ」がまるごとわかる‼

定価 本体六一九円（税別）